Adolf von Harnack
Protokollbuch der Kirchenväter-Kommission

# Berlin-Brandenburgische Akademie der Wissenschaften

Akademieunternehmen
Griechische Christliche Schriftsteller

Walter de Gruyter · Berlin · New York
2000

Adolf von Harnack

# Protokollbuch der Kirchenväter-Kommission der Preußischen Akademie der Wissenschaften 1897–1928

Diplomatische Umschrift von Stefan Rebenich,
Einleitung und kommentierende Anmerkungen
von Christoph Markschies

Walter de Gruyter · Berlin · New York
2000

Adolf von Harnacks Protokollbuch
Bestand Kirchenväterkommission
Mit freundlicher Erlaubnis des Archivs der BBAW

♾ Gedruckt auf säurefreiem Papier,
das die US-ANSI-Norm über Haltbarkeit erfüllt.

*Die Deutsche Bibliothek — CIP-Einheitsaufnahme*

Harnack, Adolf / von:
Protokollbuch der Kirchenväter-Kommission der Preußischen
Akademie der Wissenschaften 1897–1928 / Adolf von Harnack.
Diplomatische Umschr. von Stephan Rebenich. Einl. und kom-
mentierende Anm. von Christoph Markschies. — Berlin ; New
York : de Gruyter, 2000
ISBN 3-11-016764-6

Printed in Germany
Einbandgestaltung: malsy+, Bremen
Druck: Werner Hildebrand, Berlin
Buchbinderische Verarbeitung: Lüderitz & Bauer-GmbH, Berlin

# Inhaltsverzeichnis

Einleitung ........................................ 1

Protokollbuch (Faksimile) .......................... 13

Protokollbuch (diplomatische Umschrift) .............. 107

Editionen im Rahmen der GCS ....................... 163

# Einleitung

Als kleinen Beitrag zum diesjährigen dreihundertjährigen Jubiläum, mit dem die nach der Wende neukonstituierte „Berlin-Brandenburgische Akademie der Wissenschaften" der Gründung ihrer Vorgängerinstitution, der Kurfürstlich Brandenburgischen Sozietät der Wissenschaften, im Jahre 1700 gedenkt, veröffentlicht das Akademieunternehmen „Die Griechischen Christlichen Schriftsteller" die Protokolle seiner Aufsichtskommission aus den Jahren 1897 bis 1928. Sie sind sämtlich verfaßt durch den Gründer und ersten Leiter dieses Langzeitvorhabens, *Adolf von Harnack* (1851-1930), und in einem kleinen Wachstuchheft niedergelegt. Obwohl die Publikation dieses Protokollbüchleins in so ansprechender äußerer Gestalt schon einen Wert an sich darstellt, soll doch in einer Einleitung wenigstens kurz die Frage aufgeworfen werden, ob der alleinige Zweck dieser Veröffentlichung eines Dokumentes, das ursprünglich als reines Arbeitsinstrument für bestimmte Mitarbeiter an einem Akademieprojekt gedacht war, über ein mehr als antiquarisches Interesse hinausgeht. Denn natürlich kann kein Zweifel bestehen, daß die Veröffentlichung der Sitzungsprotokolle eines für die Wissenschaftslandschaft des späten neunzehnten Jahrhunderts so charakteristischen Unternehmens einen ähnlich hohen Wert besitzt wie die Veröffentlichung der Protokolle des preußischen Staatsministeriums durch dieselbe Akademie – so wie man aus den Protokollen der Regierung nicht nur interessante Details über das Funktionieren der Verwaltungsspitze Preußens erfährt, sondern die Geschichte eines untergegangenen Staates besser versteht, so erhellen die hier reprographierten Protokolle der „Kirchenväterkommission" nicht nur die Geschichte eines mehr oder weniger interessanten Projektes, sondern helfen, die Wissenschaftsgeschichte der Jahrhundertwende insgesamt besser zu verstehen. Die hier erstmals edierten Protokolle wollen aber mehr als nur eine wichtige Quelle für die Wissenschaftspolitik des Kaiserreiches und der Republik zur leichteren Benutzung vorlegen; intendiert ist auch, an einem klassischen Editionsunternehmen, das scheinbar lediglich den etablierten Konventionen der vielen Großprojekte des neunzehnten Jahrhunderts

folgt, die häufig übersehenen tiefgreifenden Modernisierungsvor-
gänge zu dokumentieren, mit denen hier Wissenschaftler versuchten,
auf die umstürzenden Veränderungen und Herausforderungen der
Epoche zu reagieren. Daß damit ein traditionsreiches Unternehmen
zugleich seine stetige Wandlungsfähigkeit dokumentiert, wird in
gegenwärtigen Zeiten, wo mit Recht zunehmend öffentlich nach der
Modernisierungsfähigkeit solcher Traditionsunternehmen gefragt
wird, niemanden überraschen.

Über Adolf von Harnack[1] und die Geschichte des Akademie-
unternehmens „Die griechischen christlichen Schriftsteller der ersten
drei Jahrhunderte" sind in den letzten Jahren teils umfangreiche
Beiträge vorgelegt worden[2], auf die hier getrost verwiesen werden
kann; eine kurzgefaßte Geschichte des Vorhabens ist in den folgenden Seiten nicht intendiert; eine ausführliche Darstellung bleibt nach
wie vor Desiderat[3]. Zum Verständnis der folgenden Protokolle muß
man lediglich wissen, daß Harnack 1890, also im Alter von knapp
neununddreißig Jahren, in die Königlich Preußische Akademie aufgenommen worden war und dies die Voraussetzung für das ganze
große Akademieunternehmen „Die griechischen christlichen Schriftsteller der ersten drei Jahrhunderte" bildete. Theodor Mommsen,
Heinrich von Sybel, Hermann Diels und andere hatten in ihrem
Wahlvorschlag ausgeführt, der Kandidat gelte „jetzt (von Hase und

---

[1]   Für die ältere Literatur vgl. F.W. Kantzenbach, Art. Harnack, Adolf von,
      TRE XIV, 1985, 450-458; vgl. jetzt neben K. Nowak, Historische Einlei-
      tung, in: ders. (Hg.), Adolf von Harnack als Zeitgenosse. Reden und Schrif-
      ten aus den Jahren des Kaiserreichs und der Weimarer Republik, Berlin/
      New York 1996, 1-99 vor allem die beiden großen kommentierten Brief-
      editionen: Der Briefwechsel zwischen Adolf von Harnack und Martin Rade.
      Theologie auf dem öffentlichen Markt, hg. u. kommentiert von J. Jantsch,
      Berlin/New York 1996 bzw. St. Rebenich, Theodor Mommsen und Adolf
      Harnack. Wissenschaft und Politik im Berlin des ausgehenden 19. Jahrhun-
      derts. Mit einem Anhang: Edition und Kommentierung des Briefwechsels,
      Berlin/New York 1997.
[2]   St. Rebenich, Die Altertumswissenschaften und die Kirchenväterkommission
      an der Akademie, in: Interdisziplinäre Arbeitsgruppe Berliner Akademie-
      geschichte im 19. und 20. Jahrhundert: Die Königlich Preußische Akademie
      der Wissenschaften zu Berlin im Kaiserreich, hg. v. J. Kocka unter Mitarbeit
      von R. Hohlfeld u. P.Th. Walther, Berlin 1999, 199-233; ders., Theodor
      Mommsen und Adolf Harnack, 129-326 mit weiterer Literatur.
[3]   Rebenich, Theodor Mommsen und Adolf Harnack, 129 Anm. 1, der aller-
      dings die Geschichte der Kirchenväterausgabe bis zum Tode Theodor Momm-
      sens im Jahr 1903 und das Schicksal der spätantiken Prosopographie aus-
      führlich darstellt.

Döllinger abgesehen) als der bedeutendste Kenner der Alten Kirchengeschichte"[4]; allein seine monumentale und angesichts ihrer Thesen durchaus kritisch debattierte Dogmengeschichte konnte ein solches Urteil bereits stützen. Stefan Rebenich und der Leipziger Kirchenhistoriker Kurt Nowak haben jüngst darauf hingewiesen, daß man von Anfang an bei dieser Berufung Harnacks an das Wiener *Corpus scriptorum ecclesiasticorum latinorum* dachte, also das 1864 begonnene Unternehmen der Wiener Schwesterakademie zur Herausgabe der lateinischen Kirchenschriftsteller der Antike[5], und hoffte, der junge energische Wissenschaftler werde ein Konkurrenzprojekt für die griechischen Kirchenschriftsteller organisieren: „Aus Berliner Sicht ging es auf Dauer nicht an, daß die Akademie der k. u. k. Monarchie Lorbeeren erntete und Preußens Wissenschaftler untätig blieben. Politische Nebentöne waren in diesem Wettbewerb nicht zu überhören"[6]. Daß es sich wie im politischen Bereich immer auch um einen Modernisierungswettbewerb handelte, erkennt man daran, daß die Wiener Akademie für ihr Projekt bis in die jüngsten Bände an der lateinischen Sprache für Apparat und die einleitenden Bemerkungen festgehalten hat, während das Berliner Unternehmen vom ersten Bande 1897 an konsequent und durchaus im Unterschied zu anderen deutschen Editionsunternehmen die deutsche Sprache verwendete – bis in die Protokolle hinein merkt man die Erregung, die im Vorfeld des ersten Weltkrieges entstand, wenn ein französischsprachiger Gelehrter so im deutschen Gewande veröffentlichte[7]. Nowak hat auch darauf hingewiesen, daß der rasche Erfolg der „Griechischen Christlichen Schriftsteller", den Harnack zu Beginn des Protokollbuches mit den ihm eigenen nüchternen Worten bilanziert, „die erste Sprosse auf der steilen Leiter preußischer Wissenschaftspolitik" bildete: „Wäre er hier gescheitert oder hätte auch nur Mittelmäßiges geleistet, wären ihm schwerlich immer weitere Türen aufgestoßen worden"[8]. Doch damit ist bereits vorgegriffen:

---

[4]  Aufnahmeantrag vom 22. November 1889 (Archiv der BBAW II-III,29 [Personalia OM 1888-1889]).
[5]  Vgl. zuletzt M. Zelzer, Ein Jahrhundert (und mehr) CSEL. Evaluation von Ziel und Veröffentlichungen, in: SE 38 (1998), 75-99.
[6]  Rebenich, Theodor Mommsen und Adolf Harnack, 136f. sowie K. Nowak, Leibniz und Harnack. Kontinuität und Wandel des Akademiegedankens, in: K. Nowak/H. Poser (Hgg.), Wissenschaft und Weltgestaltung. Internationales Symposium zum 350. Geburtstag von Gottfried Wilhelm Leibniz vom 9. bis 11. April in Leipzig, Hildesheim u.a. 1999, (299-322) 300.
[7]  S.u. S. 146 zur Ausgabe Parmentiers.
[8]  K. Nowak, Leibniz und Harnack, 300.

Während, wie jüngst Michaela Zelzer gezeigt hat, kodikologische und philologische Erwägungen am Beginn des Wiener Schwesterunternehmens standen – nämlich die reichen patristischen Schätze der Wiener Nationalbibliothek und der Plan für einen „Thesaurus Linguae Latinae" unter Einschluß der spätantiken Sprachentwicklung[9] –, ging es bei dem Berliner Projekt stärker um die theologiegeschichtlichen Interessen Harnacks, wie schon die anfängliche und erst langsam durchbrochene Beschränkung auf die „ersten drei Jahrhunderte" zeigt, die es verbietet, die Gründung der GCS lediglich als Spiegelbild des CSEL für den griechischen Bereich zu begreifen. Walther Eltester hat im November 1966 anläßlich des damaligen Jubiläums der Kommission besonders auf diesen Punkt hingewiesen: Die Widmung der Dogmengeschichte Harnacks „war keine bloße Höflichkeit gegen ihre Mitglieder, sondern zeigte, daß Harnack die Bestimmung der Kommission unter historischen, ja man muß sagen: unter dogmenhistorischen Gesichtspunkten verstand"[10]. Man setzte aber gleichwohl den entschlossenen philologischen Zugriff der Wiener auf das handschriftliche Material, der sich charakteristisch von den bisher verwendeten Ausgaben der Barockzeit unterschied und Texte zum Teil energisch veränderte, voraus. Auch in der Anlage der Arbeit, beispielsweise der systematischen Durchforschung europäischer Bibliotheken nach Handschriften, die für das Unternehmen in Frage kamen, orientierte man sich offensichtlich an den Wienern. Allerdings brachte man nie regelrechte Handschrifteninventare wie diese zustande[11]. Aber man orientierte sich nicht nur an den Wienern: Im „Bericht der Kirchenväter-Commission für 1900" schreibt Harnack, daß sich angesichts der Wiener (Kollations-)Hilfen die „nähere Beziehung, in welche die Akademien in den letzten Jahren zu einander getreten sind, ... sich auch in diesem Falle als etwas nicht bloss Formales, sondern als eine wirkliche Cooperation bewährt" habe[12]. Der Ausdruck „Kirchenväter" im Titel der Kommission wird

---

[9]    M. Zelzer, Ein Jahrhundert (und mehr) CSEL, 76f.
[10]   „Der akademischen Commission für die Herausgabe der griechischen Kirchenväter, den Herren H. Diels, O. Hirschfeld, K. Holl, A. Jülicher, F. Loofs und U. von Wilamowitz-Moellendorff, zugeeignet": A.v. Harnack, Lehrbuch der Dogmengeschichte, 1. Bd. Die Entstehung des kirchlichen Dogmas, Tübingen ⁴1909, V. Vgl. dazu W. Eltester, Zur Geschichte der Berliner Kirchenväterkommission anläßlich der 75. Wiederkehr ihres Gründungsjahres, ThLZ 93 (1968), (11-19) 12.
[11]   Bibliographische Angaben bei M. Zelzer, Ein Jahrhundert (und mehr) CSEL, 82f. mit Anm. 16/17.
[12]   A.v. Harnack, Bericht der Kirchenväter-Commission für 1900, SPAW.PH 1901, (93f.) 94.

durch die Bezeichnung der Ausgabe erläutert: Gemeint sind die griechischen Kirchenschriftsteller, also auch solche Autoren, denen die christliche Großkirche der Spätantike den Titel „Kirchenvater" verweigerte[13].

Ein eigenes Projekt zunehmenden Gewichts stellt auf den Sitzungen seit 1901 die „Prosopographia Imperii Romani Saeculorum IV.V.VI." dar, ein „vergessenes Großunternehmen der preußischen Akademie der Wissenschaften"[14]: Harnack hatte sich eine Idee Theodor Mommsens zu eigen gemacht; man schloß damit an die Prosopographie der römischen Kaiserzeit an, die bereits in der Akademie erarbeitet wurde. Aus rein organisatorischen Gründen unterteilte man die Arbeit in eine kirchen- und eine profanhistorische Hälfte. Zunehmend entwickelte sich dieses enorm ehrgeizige Projekt zu einem ursprünglich überhaupt nicht vorgesehenen Schwerpunkt der Kommissionsarbeit, verschlang erhebliche personelle und finanzielle Ressourcen und geriet schnell in schwere Probleme, obwohl fast fünfzig evangelische Kirchenhistoriker sich zur Mitarbeit am kirchengeschichtlichen Teil erklärt hatten. Diese stattliche Schar sollte jeweils aus drei Migne-Bänden innerhalb von zwei Jahren alle Namen von Personen, „die in dem Zeitraum von Diocletian's Regierungsantritt bis zum Tode Justinian's gewirkt haben", auf Quartblättern exzerpieren, gegebenenfalls selbständig bessere Ausgaben heranziehen. Die übrigen Quellen und Quellengattungen sollten von weiteren Mitarbeitern ausgewertet werden. Für die ganze Arbeit rechnete man acht Jahre, die Bearbeitung der Patrologie Mignes war nach fünf Jahren tatsächlich auch weitgehend abgeschlossen, freilich keines-

---

[13] Erwägungen zu möglichen Hintergründen dieser Wortwahl bei Rebenich, Theodor Mommsen und Adolf Harnack, 139 Anm. 36. Bei der Tagung zum fünfundsiebzigsten Jubiläum der Kommission am 14.11. 1966 erklärte ihr damaliger Mitarbeiter Kurt Treu: „Ohne Zweifel ist der traditionelle Name ‚Kirchenväterkommission' ungenau. Er knüpfte seinerzeit an das Wiener Vorbild an und er hat für sich, was wir auch heute schätzen: Kürze und Handlichkeit. Der Fachmann weiß, daß er eine bequeme Sigle ist, ohne daß er ihn sachlich zu genau nimmt. Denn wie steht es der Sache nach? Wenn wir die Reihe der GCS-Bände entlangblicken: die meisten Bände füllt Origenes – nach offiziellem Urteil der Kirche ein ‚Häretiker'. Daneben Klemens von Alexandrien – von zweifelhafter Rechtgläubigkeit und jedenfalls kein Heiliger. Epiphanius – immerhin ein höchst orthodoxer Autor, aber worüber schreibt er? Über die Häresien. Um es ein wenig paradox zu sagen: Ebenso berechtigt wie der Name ‚Kirchenväterkommission', vielleicht sogar noch etwas mehr, wäre der Name ‚Ketzerkommission'" (Vortragsmanuskript, S. 7 [in den Handakten der Arbeitsstelle GCS der BBAW]).

[14] Ausführlich: Rebenich, Theodor Mommsen und Adolf Harnack, 247-326, die zitierte Formulierung auf S. 247.

wegs immer in sehr zuverlässiger Form[15]. Als Redakteur sowohl für
den kirchenhistorischen Teil als auch für das Gesamtunternehmen
gewann man Adolf Jülicher (1857-1938). Nach Mommsens Tod im
Jahre 1903 häuften sich zunehmend die Schwierigkeiten: Die profan-
geschichtliche Abteilung, für die Mommsens Schüler Otto Seeck als
Redakteur überhaupt erst 1903 gewonnen wurde, nahm ihre Arbeit
mit einer wesentlich kleineren Zahl von Mitarbeitern auf und wurde
1921 nach dem Tode des Redakteurs nicht zuletzt deswegen eingestellt, weil Seeck im Unterschied zu Jülicher nur einen kleinen Teil
seiner Arbeitskraft für das Gemeinschaftsunternehmen eingesetzt
hatte[16]. Die Fülle des Materials, die textkritische wie chronologische
Komplexität der Materie und die zunehmenden gesundheitlichen
Probleme Jülichers hatten auch die Arbeit am kirchenhistorischen
Teil zum Erliegen kommen lassen. Als das Unternehmen im Dezember
1933 bis auf weiteres eingestellt wurde[17], war es nicht über umfangreiche Vorarbeiten hinausgekommen. Man kann nun mit Stefan
Rebenich – dessen einschlägige Ausführungen zur Geschichte der
Prosopographie[18] sich wie ein Kommentar zum Protokollbuch lesen
lassen – fragen, ob durch die zunehmende Konzentration auf die
Prosopographie nicht auch der Fortgang der „Griechischen Christlichen Schriftsteller" erheblich behindert oder zumindest verlangsamt
wurde. Aber das harte Urteil, das Ulrich von Wilamowitz-Moellendorff, ein entschlossener Gegner des Planes von Anfang an, 1928
fällte („So ist der ganze Plan denn auch gescheitert")[19], muß mindestens vorsichtig modifiziert werden: Zwei andere prosopographische

---

[15]   Rebenich, Theodor Mommsen und Adolf Harnack, 276f. 280. 295 – Das
       Zitat stammt aus einem Entwurf Harnacks für die Instruktion der Mitarbei-
       ter, abgedruckt bei Rebenich, aaO. 269-271 (das Zitat auf S. 270).

[16]   Rebenich, Theodor Mommsen und Adolf Harnack, 306-309.

[17]   Rebenich, Theodor Mommsen und Adolf Harnack, 320. Vgl. aber die Dar-
       stellung der Entwicklung der folgenden Jahre unter der Überschrift „Epilog"
       auf den Seiten 321-326 und ders., Mommsen, Harnack und die Prosopo-
       graphie der Spätantike, StPatr 29 (1995), Löwen 1997, 109-118.

[18]   Rebenich, Theodor Mommsen und Adolf Harnack, 247-321; vgl. auch ders.,
       Die Altertumswissenschaften und die Kirchenväterkommission an der Aka-
       demie, 218-222.

[19]   U.v. Wilamowitz-Moellendorff, Erinnerungen 1848-1914, Leipzig ²1928,
       306: „Wieviel würde heute erreicht sein, wenn die auf ein uferloses Unter-
       nehmen verwandten Summen den Kirchenvätern zugute gekommen wä-
       ren". – Freilich, so möchte man gegen Wilamowitz einwenden, hätte man
       natürlich zu dem Geld auch noch weitere Editoren beibringen müssen, um
       im Rahmen der GCS wirklich wesentlich mehr als die bis 1929 publizierten
       39 Bände veröffentlichen zu können.

Unternehmungen haben sich seither des Berliner Materials dankbar bedient, und auch über das Schicksal der vielen exzerpierten und zum überwiegenden Teil erhaltenen Quartblätter soll angesichts der kommunikationstechnischen Mittel erst noch entgültig entschieden werden[20].

Der 1891 konstituierten „Kirchenväterkommission" gehörten zunächst neben Harnack und Mommsen der klassische Philologe Hermann Diels und der Alttestamentler August Dillmann an, dazu Oskar von Gebhardt und seit 1893 Friedrich Loofs. Im Jahre 1897 wurde Mommsens Schwiegersohn Ulrich von Wilamowitz-Moellendorff aufgenommen, in den folgenden Jahren der Neutestamentler und Kirchenhistoriker Adolf Jülicher, die Althistoriker Otto Hirschfeld und Otto Seeck, Harnacks Kollege Karl Holl, der klassische Philologe Eduard Norden, die Neutestamentler und Patristiker Erich Klostermann und Hans Lietzmann sowie der klassische Philologe Werner Jaeger (im Protokollbuch heißt er auf p. 94/95: „Jäger"). Eduard Schwartz trat dem Kreis erst nach Harnacks Tod bei[21].

Zwei Dinge fallen im Protokollbuch besonders auf, wenn man es unter dem Stichwort „Modernisierung" durchliest: Bis heute ist für das Unternehmen die Frage der Finanzierung von höchster Aktualität und sie war, wie das Protokollbuch zeigt, schon damals von höchster Priorität. Hier gelang Harnack eine erstaunlich fortschrittliche Lösung des Problems: Trotz freundlicher Aufnahme durch die Kultusbürokratie hielt der Gründer Harnack das Unternehmen erst für „dauerhaft fundirt", als sechs Jahre nach seiner Gründung die Wentzel-Heckmann-Stiftung das Werk finanzierte (p. 1) – die Kehrseite dieser Form von „Drittmittelfinanzierung" wird spätestens dann sichtbar, als der Protokollant unter Datum vom 20. Februar 1928 einträgt: „In den J[ahren] 1924-1927 ist keine Sitzung gehalten worden, weil der durch die Inflation herbeigeführte Bankerott der

---

[20]  Zur Benutzung des Berliner Materials durch englische, französische und italienische Forscher vgl. Rebenich, Theodor Mommsen und Adolf Harnack, 324-326. - Die Möglichkeit einer elektronischen Erschließung des bislang in Zettelkästen in Berlin aufbewahrten fragmentarischen Materials wird gegenwärtig im Auftrage der Berlin-Brandenburgischen Akademie durch Rebenich geprüft.

[21]  Biographische Informationen bei Rebenich, Theodor Mommsen und Adolf Harnack, passim sowie ders., Die Altertumswissenschaften und die Kirchenväterkommission, 216f. Außerdem jetzt Rebenich, „Mommsen ist er niemals näher getreten". Theodor Mommsen und Hermann Diels, in: Hermann Diels (1848-1922) et la science de l'antiquité (Entretiens sur l'Antiquité Classique XLV), Vandœuvres-Genève 1999, 134.

Wentzel-Heckmann-Stiftung die Kommission aller finanziellen Mittel beraubt hat. So konnten nur die begonnenen Arbeiten fortgesetzt werden, unterstützt durch kleine Mittel, welche die Akademie gewährte, u[nd] durch die Notgemeinschaft" (p. 93)[22]. Für die Prosopographie gelang es Harnack zunächst, fast fünfzig Ordinarien, Privatdozenten und sonstige Mitarbeiter praktisch für Gotteslohn zu verpflichten[23], was natürlich einen Antrag an die Wentzel-Heckmann-Stiftung auf Unterstützung erleichterte.

Eine weitere zukunftsträchtige Innovation war die allmähliche Professionalisierung und Verstetigung der Editionsarbeit, die zunächst ja nur durch eine größere Zahl freier Mitarbeiter, die Korrekturarbeit der Kommission und einen „Hülfsarbeiter" (nämlich zuerst Erwin Preuschen und dann Karl Holl) getragen worden war. Harnack gelang die Einrichtung von Stellen für „wissenschaftliche Beamte" im April 1900 durch den preußischen Kultusminister, einer davon war „für altchristliche Quellenforschung und Publicirung" vorgesehen[24], und schon im April 1900 benannte die Kommission Carl Schmidt für diese Funktion, auch gern in durchaus präziser Charakterisierung seines Arbeitsgebietes „Kopten-Schmidt" genannt (p. 12). Mit noch weitreichenderen Vorschlägen schließt das Protokollbuch: Man plante die Gründung eines „Institutes", das „sowohl der Patristik in erweitertem Umfang als auch der Kunde der Kaiserzeit im ganzen Umfang dienen und zugleich einen geschulten Nachwuchs von Arbeitern, der z.Z. besorgnißerregend spärlich ist, schaffen solle", und regte zu diesem Zweck die Umbenennung der Kirchenväter-Kommission an (p. 95). Wer nur ein wenig die damalige Wissenschaftslandschaft kennt, ahnt, welche Institute sich Harnack hier zum Vorbild nahm – etwa das traditionell vom Auswärtigen Amt geförderte „Deutsche Archäologische Institut" und vergleichbare Einrichtungen. Man kann auch darüber spekulieren, ob hier der Präsident der Kaiser-Wilhelm-Gesellschaft nicht doch noch einen späten Versuch unternahm, geisteswissenschaftliche Projekte in diesem Ansatz institutsbezogener Spitzenforschung zu etablieren – dis-

---

[22]  Rebenich, Die Altertumswissenschaften und die Kirchenväterkommission, 214-216; H. Schlange-Schöningen, Das Betriebskapital der Großwissenschaft: Elise Wentzel-Heckmann und die Kirchenväter-Edition der Preußischen Akademie der Wissenschaften, Jahrbuch der Berliner Wissenschaftlichen Gesellschaft e.V. 1996, 281-295.

[23]  Aufstellung bei Rebenich, Theodor Mommsen und Adolf Harnack, 275.

[24]  Entwurf einer „Allg[emeinen] Instruction" für die wissenschaftlichen Beamten vom 27.5. 1900 (Archiv der BBAW, Kirchenväter-Kommission Nr. 1, Bl. 45-46ʳ); vgl. Rebenich, Theodor Mommsen und Adolf Harnack, 140f.

kutiert worden war dieses Problem jedenfalls häufig[25]. Auch im Zusammenhang der gegenwärtigen Reformbestrebungen der „Berlin-Brandenburgischen Akademie der Wissenschaften" ist immer wieder auf derartige Ideen rekurriert worden[26], ob sie je konkretere Gestalt annahmen können und nicht am Beginn eines neuen Jahrhunderts ebenso unrealistisch bleiben wie im alten, steht noch dahin. Jedenfalls bemerkt man beim Unternehmen von Anfang an den Versuch Harnacks, auf Effizienz und Beschleunigung zu drängen und konkrete Daten für den Abschluß der Arbeiten im Blick zu behalten. Man wirtschaftet äußerst sparsam; erst sechs Jahre nach ihrer Gründung trifft sich die Kommission zu einer Sitzung, sie findet in der Privatwohnung Harnacks statt, und beim Einzug in das neue Akademiegebäude notiert das Protokoll, daß der Geschäftsführer „keine besonderen Räume für die Kommission im neuen Akad[emie]-Gebäude angemeldet hat" (p. 74). Solange Harnack lebte, wurde auf konfessionelle Bedenklichkeiten nur wenig Rücksicht genommen: Immer wieder zog das Unternehmen auch Mitarbeiter katholischer Konfession heran; durchaus keine Selbstverständlichkeit, wie eine besorgte Frage des Verlages, der J.C. Hinrichs'schen Buchhandlung, aus dem Jahre 1907 zeigt: Man erkundigte sich, ob es wirklich anginge, daß der Mitarbeiter Paul Koetschau „für die Kemptener Bibliothek der Kirchenväter Contra Celsum" bearbeite, also als „protestantischer Gelehrter" „an dem katholischen Unternehmen" mitarbeite[27]. Schwere Rückschläge brachten dagegen der Weltkrieg und die folgenden Inflationsperioden mit sich; Sitzungen fielen aus, und die Arbeit geriet in starke finanzielle Bedrängnisse. Eine solche *historia calamitatum* könnte man natürlich auch für die Jahre nach 1928 schreiben. Im zweiten Weltkrieg verlor die Kommission sieben ihrer besten Mitarbeiter[28], und auch die folgenden Jahre wird man nicht eben günstige Zeiten für die Edition griechischer christlicher Schriftsteller nennen können.

---

[25]  K. Nowak, Leibniz und Harnack, 316f. mit Anm. 48/49.

[26]  D. Simon, Akademie der Wissenschaften. Das Berliner Projekt. Ein Brevier, Berlin 1999, 113-117.

[27]  Brief des Verlages an Harnack vom 3.12. 1907 (Handakten der Arbeitsstelle GCS der BBAW, Verlagskorrespondenz 1893-1930, Blatt 60); zu den katholischen Mitarbeitern auch Rebenich, Die Altertumswissenschaften und die Kirchenväterkommission, 217f.

[28]  Nicht zufällig schließt Walther Eltester seine Festrede im Jahre 1966 mit den Nachrufen auf Hans-Georg Opitz, Ital Gelzer, Karl Holl jun., Walter Jacob, Günter Gentz, Bernhard Rehm und Walter Matzkow: ThLZ 93 (1968), 17-20.

Die Protokollbücher der Kirchenväterkommission der preußischen
Akademie der Wissenschaften dokumentieren nicht nur den großen
„Reform- und Innovationsdruck", unter dem der preußische Wis-
senschaftsbetrieb im späten neunzehnten Jahrhundert stand[23], sondern zeigen, wie unter diesem Druck schöpferische neue Lösungen
gefunden werden konnten. Insofern handelt es sich angesichts gegenwärtig anstehender Reformen um ein höchst aktuelles Dokument;
mindestens für die „Griechischen Christlichen Schriftsteller" an der
„Berlin-Brandenburgischen Akademie der Wissenschaften" kann
versichert werden, daß Leitung und Mitarbeiter hinter diesen einst
erreichten Standard nicht zurückfallen wollen.

Ein letztes Wort zur Einrichtung des Büchleins: Der dem Berliner
Unternehmen nicht erst seit seiner Habilitationsschrift verbundene
Mannheimer Althistoriker Stefan Rebenich hat sich dankenswerter-
weise bereit erklärt, seine Transkription des Protokollbuchs für
diese Ausgabe zur Verfügung zu stellen und nochmals durchzusehen.
Dabei sind die von Harnack hier wie auch sonst reich verwendeten
Abkürzungen nur sparsam aufgelöst worden, weil sie meist aus sich
heraus verständlich sind; vgl. das entsprechende Verzeichnis in der
editorischen Vorbemerkung von Rebenich, unten S. 108-109. Ergän-
zende Fußnoten stammen vom Autor dieser Einleitung, wobei niemals beabsichtigt war, eine vollständige Kommentierung vorzulegen. Es wurde beispielsweise nicht für notwendig gehalten, die
erwähnten Bände der beiden Reihen der Kommission eigens nachzuweisen und Biogramme der erwähnten Wissenschaftler beizugeben,
da solche Informationen leicht aus anderen Werken, insbesondere
der Habilitationsschrift von Stefan Rebenich, beigezogen werden
können und es keinen spezifischen Grund für ihre Wiederholung
gibt. Freilich ist der Edition eine Liste der Ausgaben in den „Griechischen Christlichen Schriftstellern" beigefügt, die zeigt, daß schon
damals zwischen der Ankündigung einer Edition und ihrer schluß-
endlichen Veröffentlichung oft Jahre, gelegentlich Jahrzehnte lagen.
Wer mit dem schwierigen Geschäft der Edition klassisch-philologi-
scher und allzumal spätantiker Texte halbwegs vertraut ist, weiß,
daß hier nicht nur die sprichwörtliche Trägheit deutscher Wissen-
schaftsbeamter und ähnliche persönlich bedingte Hindernisse im
Wege standen, sondern häufig auch die besondere Schwierigkeit der
Materie, die das Protokollbuch etwa eindrücklich am Beispiel der
*Oracula Sibyllina* dokumentiert (p. 17). Der erbitterte Streit um die

---

[29]    K. Nowak, Leibniz und Harnack, 303.

Einrichtung der Ausgabe der berühmten Schrift gegen Celsus zeigt zudem auch, daß die sich Anfang des zwanzigsten Jahrhunderts wandelnden Standards für eine gute Edition, insbesondere das allmählich sinkende Ansehen der Konjekturalkritik, an der Ausgabe nicht spurlos vorübergingen (p. 8).

Die Anregung zu einem solchen Band mit Harnacks Protokollbuch ging auf die verehrten Kollegen zurück, die das Unternehmen durch die Wirren der Zeit nach der Wende durchgesteuert haben und denen daher nicht nur die jetzige Leitung und die Mitarbeiter zu Dank und Respekt verpflichtet sind: Prof. Dr. Dr.es h.c. Albrecht Dihle (Köln) als Projektleiter und Prof. Dr. Jürgen Dummer (Berlin/Jena) als Arbeitsstellenleiter. Die neuen Verantwortlichen für das geisteswissenschaftliche Programm des Verlages de Gruyter in Berlin haben die Ideen ihrer Vorgänger aufgegriffen und letztlich die Publikation erst möglich gemacht; Dr. Claus-Jürgen Thornton und Dr. Claudia Brauers seien wenigstens genannt.

Berlin und Heidelberg, im August 2000          Christoph Markschies

Protokollbuch
der Kirchenväterkommission
der Preußischen Akademie der Wissenschaften
1897-1928

Faksimile

Seit 1891 bestaht das Unternehmen; 1893 erschien
die Überlieferung u.
Einsauesritae - Commission.  der Bekanntes des
Altschristl. bis." 1893
-1896 über das Unter-
nehmen Mittel d. J. Akademie. 1893-1896 wurde der
#I NS. Abfals- Nanuscriptbearbeitet; 1896 übernahm die Wentzel-Stiftung.
NB: Alle Acten, Anzeigen, Correspondenz, beschlüsse
der Commission liegen in den Registrerioren in
meinem Zimmer neben dem Ofen, alphabetisch geordnet. In dem Fache A liegen die laufenden Rechnungen, in den Fächern "W" u. "Z" die Rechnungsabschlüsse samt den Belegungen, die beschlüsse u. die Contracte mit der Wentzel-Stiftg u. der Hinrichs'schen buchhandlung, ferner die Correspondenz mit der Wentzel-Stiftung.
Auf denselben Registrerioren oben stehen die der Commission gehörigen Bände der Abt. diesen Veröffentlichen-gabe u. in einem Blechkasten die der Commission gehörigen Collationen. — Das photograien des Ellfeninschriften Codex befindet sich bei Hrn. Marquart-Leibzig. —
die unter Leitung des Hrn. Mommsen angefertigten Hieronymus-Chronik- probacollat. — Exglase befinden sich neben auf meinen großen Bücherbrett

Seit dem Frühjahr 1897 besteht die Commission
aus den Herren Mommsen, Diels, v. Wilamovitz,
Harnack, v. Gebhardt u. Loops.
Seit 25. März 1897 besteht der Contract mit der
Wentzel-Heckmann Stiftung in aber folge der
Definition (2) Contract mit der Hinrichsschen Buchhandlg.
Beide befinden sich in den Akten „W" „Z" (s. u.).

        Die Commission erhielt von der KVV-Ausgabe
10 Freiexemplaren, ungebunden. Die Vertheilung ist
folgende:   6 die Commiss.-Mitglieder.
           1 die Wentzel Stiftg
           1 Frau Wentzel
           1 Akademie
           1 die Commission selbst (s. u.).
           1 S. Majestät
           11 Exemplare; also muss statt 1 zugekauft
werden; von Bd. I ist auch ein zweites zugekauft
worden für das Ministerium. Soll das auch in
Bezug auf die ff. Bände geschehen?

        Laut einem Beschluss der Commission werden
von den „Texten u. Umschlag", die als „Rosa" der Commission
erscheinen, sollt ... Exemplare ... die ... Mitglied...
Commission, ... besonderer ...

3

Seitdem die Commission in voller Aktivität gesetzt word...
ist, d.h. seit der Verbindung mit der Mangel-Stiftung
hat sie erhalten von diesen:

pro 1896/7 .... 10000 Mark.
" 1897/8 .... 5000 Mark.
" 1898/9 .... 6000 Mark.
" 1899/1900 ... 5000 Mark
" 1900/1901 5000 Mark
" 1901/1902 5000 M.
" 1902/1903 4000 M.
" 1903/1404 4000 M.
                    44000 M.

" 1904/5        3000        1907/8   4000
" 1905/6        4000        1908/9   4000
  1906/7        3000        1909/10  4000
                            1910/11  4000
                55000                71000

der Voranschlag [x)] war c. 80000 Mark.
Zu den festbestimmten Ausgaben gehören z.J. nur
500 Mark f.d. geschäftsführend Mitglied u.?
die Zuschüsse, zum Honorar der Mitarbeiter 5 Mark
per Bogen hinzuzulegen.

_____

x) er befindet sich im Regestenwerk, früher WZ.?

Über die Reisen, welche die Mitarbeiter im Auftrage
der Commission gemacht haben, geben theils die Jahresberichte
der Commission, die in den Sitzungsberichten der Akademie
erscheinen, theils die Berichte der Geschäftsführung an
die Commission, theils geben die Berichte der reisenden
Gelehrten Aufschluß. Die beiden letzteren befinden sich
in den Akten des Registratoriums.

5

1. Sitzung der Commission

am 20. März 1897 (anwesend alle Mitglieder

Beschlüsse: 1) In Bezug auf die Titel der Ausgabe.

2) Billigung der Contracte. (1. S. Aus-
   sichten).

3) Festsetzung der Vertheilung der Freiexemplare
   (M.: sie sollen gebunden geliefert werden,
   der Einband seit der Commission zu beziehen).
   Nothwendigkeit eines (bez. 2 — Verzeichniß der
   Beschlüsse) Sitzungsberichten (1. u.).

4) Urbein wird auf die Zeit bis zu 2 Jahren
   f. die Vorarbeiten zu den Maßtheilen angestellt.

5) C. Schmidt wird f. tägliche Abschrift f. 700
   Mark abgekauft. Er verpflichtete sich dafür, bis
   1. April 1898 bez. 1899 das Druckfertige MS.
   von 2 tägliche griechischen werden zu liefern u.

6) Dr. Heinrich Holl's als Hilfsarbeiter wird entgegengenommen.

7) Beschlossen: die orientalischen Versionen nicht
   in der Ausgabe selbst, aber zusätzlich in der
   n Zeilen u. behdf. zu drucken. Das bei früherer
   Gelegenheit auch nach das hornseische gedruckt werden.

8) Beschlossen: Syncellus erst zu drucken, der Holzer
   ihn bei Teubner neu hervorholt.

9) Beschlossen: Georgschmidt vollständig · u. d. Partie
   aufzunehmen. Mayor, de manuris et prod.³
   Nachbeschlossen:: Hagardi's Nachlaß u. die Persica
   zurückzuhalten. (Holl)

10) beschließen: die Martyrien [...] in Zusammen-
[...] [...] Ausw. [...] [...] [...]
der vorausg. Heil – [...] zu [...] u. diese
[...] des [...] wegen an die Akademie zu
[...]. [Nb: Ist geschehen. die Akademie [...]
die [...].

10) beschlossen: die indirecte Überlieferung aus Abschluß
der Sacra Parallela zunächst ust ex professo
weiter untersuchten zu lassen.

v. Harnack.

2)     2. Sitzung der Commission v.
                12. Febr. 1898.
        (Anwesend alle Mitglieder außer
                Dr. v. Gebhardt).

1) Es wurde vom Geschäftsführer Bericht über den Stand
   der Arbeiten erstattet, speciell über die Fortsetzung einer
   Esra-Collation mit Leon u. über die photographische
   der Chronik des Iosef armeniace.

2) Es wurde vom Geschäftsführer der Stand der Kasse dargelegt.

3) Es wurde beschlossen, daß, wie bisher, der Geschäftsführer
   das Recht haben solle, laufende Ausgaben und kleinere
   Reiseunterstützungen selbständig zu bewilligen.

4) Die Commission wünschte, daß mit den einzelnen Mitarbeitern schriftliche Contracte geschlossen werden sollen.

5) Es wurde wieder über die orientalischen Texte verhandelt;
   beschlossen wie im vorigen Jahr (s. dort daß 8).

6) Es wurde beschlossen, daß die Mitarbeiter die bei der Arbeit
   verwachsenen Materialien, soweit sie auf Kosten der Commission
   beschafft worden sind, nach Schließung der Arbeit der Commission
   auszuhändigen haben.

7) In Bezug auf die Frage, ob auch selbständige schriene
   Küstenzünde beschlossen, kein principielles Bedenken dagegen
   zu erheben u. die Sache den Verlegern zu überlassen

der Verleger ist nicht abgeneigt, Subskription zu ermöglichen).

8) Beschlossen, die Materien im Zusammenhang mit der byzantinischen Litteratur – ohne strenge Einhaltung der Grenze der vorcarolingischen Zeit – in Angriff zu nehmen und die Ehrhard'schen Arbeiten zu unterstützen, ohne sich jedoch jetzt schon i. Bezug auf die Form und den Umfang der endgültigen Publication zu binden. Für diese Erweiterung des Planes soll die Zustimmung der Akademie eingeholt werden (dies ist geschehen; die Akademie hat ihr Zustimmung).

9) Auf die von Göttingen aus gestellte Frage, ob wir einen umfassenden Catenen – Entwurf etc. unternehmen wollen, soll geantwortet werden, daß Holl die Arbeit an den SS. Parallela unternommen hat u. zu Ende führen wird, daß ... Mitarbeiter Klostermann Procopii tiefer in Angriff – nehmen, daß Schulze die Haupt-Catenen so durchgearbeitet hat, daß sie sich dazu eignen, daß wir aber ex professo eine Durcharbeitung der gesammten Catenen-Ueberlieferung nicht beabsichtigen.

A. Harnack.

**3)**  3. Sitzung der Commission v.
15. April 1899.
( Anwesend alle Mitglieder außer Hr. v. Gebhardt ).

1) Das Protokoll der vorigen Sitzung wird verlesen u. genehmigt.

2) Hr. v. Gebhardt's Antrag, der Nachträge wegen des Geschäftsführer- ... wird vorgelegt, genehmigt u. dem Geschäftsführer die Sorge ertheilt. Er wird ermächtigt im Auftrage der Commission 5000 M. pro 1899/1900 bei der Wen- gel-Stiftung zu beantragen.

3) Der Geschäftsführer berichtete über den Stand der Arbeiten im Jahrbuch mit einer Reise zu den Mitarbeitern in Nürnberg, Tübingen, München, Heidelberg, Darmstadt, Bonn, Utrecht, Göttingen u. Jena. Die Vorarbeiten von Geiger (Afrikund?), van de Sande (Adamantius), Preuschen (Origenes, Adumnat.), Klostermann (Origenes- Jeremias), Flemming- Radermacher (Hamas), C. Schmidt (Aegypt.-Gesch.), Heikel (Eusel. Laudauent.) sind so weit vorgeschritten, daß der Druck vans ... noch in diesem Jahre beginnen kann.

Hr. Marquart soll über ... die Lesung des armenischen Textes u. der deutschen Übersetzung abhalten, soll nicht weiter mit der Ausgabe der arab. Chronik beschäftigt werden. Über die Modalitäten der Ausgabe dieser Chronik ... entspann sich eine Debatte, die indeß nicht zu Ende geführt wurde, da zuvor die Festigstellung des Armeniers abgewartet sei. Über die Inangriffnahme von Collationen

ob nicht nummat der Commission Hr. Windland oder
ein anderer gewählte Kraft die zunächst politische
Untersuchung der zu überlassenden Akte vornehmen
solle. die Debatte, über die Frage, wie weit es nach welchen
Gesichtspunkten die Verwaltung der Überlieferung in zunächst
politischer Hinsicht erörtern sollten, wurde nur
flüchtig der Sitzung u. über dieselbe hinaus unterhalten.
Generelle Anweisungen den Mitarbeitern zu geben in Bezug
auf die Einrichtung des Apparats wurde abgelehnt. die
Partie collection, die sie vorgelegen haben, wird hat,
und Gelegenheit geben, die nöthigen Vorschriften bez.
Entscheidungen zu erscheinen.

A. Harnack

10)

Li,            4. Sitzung am 21. April 1900.

(Anwesend sämtliche Mitglieder).

1) Es wurde das Protokoll der vorigen Sitzung verlesen und genehmigt.

2) Es wurde der Bericht des Geschäftsführers über die Fortschritte der Aufgabe im J. 1899/1900 verlesen (der Bericht befindet sich in der Akten-Abteilung WZ). Die Reisebericht des Hrn. Violet hatten bei den Mitgliedern ~~bereits~~ bereits circulirt.

3) Der Geschäftsführer berichtete über den Stand der Kasse und legte die Rechnung vor. Hr. v. Gebhardt wurde mit der ~~peinlich~~ Nachsehen betraut behufs Festellung der ausgaben seitens der Commission. die Rechn. ~~...~~ schloß mit einem Saldo von 5676 Mark.

4) In Bezug auf einzelne ~~Die~~ Fragen kam Folgendes zur Verhandlung:

(a) Hr. Diels erklärte sich bereit, die Sitzungsprotokoll des "Herrn" zu übernehmen, und derselben angenommen wurde.

(b) die Commission sprach sich dahin aus, daß Nachlaß Diels Überarbeitung der schriftlichen Arbeiten des ~~...~~ dem droit übergeben werden solle.

(c) Die Commission einigte sich dahin, daß die lateinische Übersetzung des griechischen Luxus Textes neben dem griech. Texte gedruckt werden solle und möge mit besonderem Danke die Sorge des Herrn Maas, zur entgegen, daß er, dem Wunsche der Commission entsprechend, den Text der Reihen revidieren werde.

(d) Es wurde beschlossen, bereits jetzt Hunds schriftliche Protocollationen der Grund des Hieronymus zu beschaffen.

(e) Es wurden die Mittel für eine mehrmonatliche Reise des Prof. Holl nach Italien bewilligt u. zwar zzgl. der Reisekosten, 10 M. pro Tag. Der Geschäftsführer wird beauftragt, von den

Fbg.<br>schriften

Collegen der Monumenten-Commission in Anzeige auch Tagegelder als ihre Mitarbeiter deutsch zu nehmen und der Kirche VV.-Commission eine Vorlage zu machen.

(f) Der Geschäftsführer gibt erbittet, z. Z. über den Stand der von den Herrn. Schwartz, Margaréde, Treu-schen u. Gelzer übernommenen Arbeiten, keine Mit-theilungen machen zu können, dieselben aber in Kürze nachzuholen.

... der Akademie in Vorschlag zu bringen,

(5) In Bezug auf den (der Commission in Aussicht gestellten)
„Wissenschaftl. Beamten" wird beschlossen: (1) Herrn
Privatdocenten Lic. Dr. C. Schmidt mit den Arbeiten
desselben zu betrauen, (2) die Instruction für ihn so zu
zu fassen, daß er in erster Linie um die geschichtliche
und wissenschaftl. Leitung der Ausgabe zu besehlichen sei,

..., ihn zunächst provisorisch in Vorschlag zu bringen. Einen
beschlichen Beiten man noch nicht fassen, da eine officielle
Benachrichtigung überhaupt noch nicht erfolgt war und die
Instructionen der akad. wissensch. Beamten überhaupt
nicht sicher einstimmend festgestellt sind.

A. Harnack.

Bericht über den Stand
der LVV. – Ausgabe 1901. 1. April.

(1) die Ausgaben betragen 5032 M. 78 Pf., so daß
nach der neuen Bewilligung von 5000 Mark (bei
einem Kassenbestand am 1. April 1900 von 5676 M.)
5643 M. 22 Pf. nachzahlbar hat.

(2) Dazugerechnet nach dem gedruckten Bericht vom 1. Jan. 1901
bemerke ich, daß Sickenberger u. Nestle gelesen
schienen hat. Im Druck befinden sich Bd. 6 H. 3². 4
(Urbain, Matzinger u. Harnack, Dindes), Bd. ?. Schmid

(3) die Berichte von (I) Holl u. (II) Whitehead über ihre Arbeiten
sind erledigt (aber den letzteren wird noch zu sehen
sein). Holl wird noch ein zweites Mal nach mehreren
Monaten des Epikt. wegen nach Italien müssen, er
wird die Reise machen, sobald ihm neues heut ihn
Jordt gibt. In Bezug auf die übrigen LVV. Mitarbeiter
bemerke ich Folgendes:] V. Mommsen ist der Reihe vollendet!!!
                                        VI. F. Schwartz will in seinem Reihe die Druck beginnen!!!
¶ III Gravina        VII. Violet ist wie hold ein sehr in Damascus (in                    zu
S. H. (Goff.                 Notzeit dürftig); seine (Kov–Ausgabe hat                   viel.
then) im                     Vorläufig die ärztlichste Verzögerung erlitten.                 ließ
Druck.                       Aber er von Dr. einzige, der nach Damascus                Vor.
IV Hesse                     gehen konnte.                                                         ü.
                                                                              

Fr. ?. ?

VIII. K. Schmidt war durch seine Arbeiten f. d. koptischen Acta Pauli u. seit Monaten auch f. Reisen in Anspruch genommen gewesen; doch soll der Druck der koptisch-gnostischen Schriften noch in diesem Jahre beginnen.

IX. Stählin wird eine Eingabe an das bayr. Ministerium machen oder hat sie schon gemacht, um einen mehrmonatl., vielleicht auch ein Jahr sich erstreckenden Urlaub z. gewinnen. Ich habe sein Gesuch durch ein Schreiben im Namen d. KVV.-Commission unterstützt. Eine kleine Arbeit von ihm, „Clemens u. der [illegible]" wird demnächst erscheinen.

X. Preuschen will den Druck des Joh. Commentars des Orig. im Herbst beginnen.

XI. Klostermann will zunächst die Prophg.-Catenen herausgeben; er hat sich ferner bereit erklärt, die Schriften Eusebs (1) περὶ ὀνομάτων
(2) Theophanie.
(3) Gegen Marcell.
(4) Die Bücher d. kirchl. Theol.
zu übernehmen.

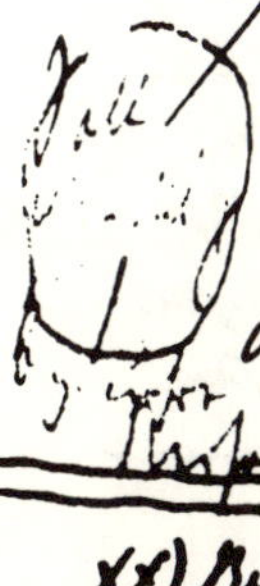

5. Sitzung am 23. März 1901.

Anwesend alle Mitglieder.
Als berathendes Mitglied Hr. Schmidt.

(1) Es wird d. Protokoll der vorigen Sitzung verlesen u. genehmigt. 2) Die [...] berichten über den Stand der [...]

B) Es wird d. Bericht des [...] über die [...] der [...] im J. 1900/1 [...] gehalten. [...]

(4) Dieser Bericht gab zu [...] Auseinandersetzungen u. Besprechungen

Anlass: (1) In Bezug auf Hrn. [...] — die [...] seiner Fortsetzung für das Corpus wird [...] nach den [...], die der [...] gab.

(2) [...] — Hr. v. Wilamowitz legte die bes. [...] einer Ausgabe d. Orac. Sibyll. u. d. [...] dar, nach [...] es in Gemeinschaft mit Hrn. [...] bei der [...] gesehen.

(3) [...] — die Fragen, die [...] in Bezug auf die [...] des [...] gestellt, bzw. die [...], die er ausgesprochen hatte, wurden [...] in seinem [...] erledigt. Was die [...] des [...]textes betrifft, so [...] seiner langen Arbeiten.
Conclusum: (a) Es ist Hrn. [...] zu überlassen, in welcher [...] er den [...] ordnen will (b) die [...] der [...] Sachen [...] ad informationem [...] [ist schon geschehen].

(4) [...]

(5) [...]

(6) [...]

(7) [...]

Nb:

Im Winter 1901/2 (Sitzg. i. den Weihnachtsferien mit ~~[illegible]~~ u. Jülicher) beschloss die Commission, die Prosopographia imperii Romani Saec. IV, V, VI in den Kreis ihrer Aufgaben aufzunehmen u. an die Wentzel-Stiftung den Antrag zu stellen, die Kosten zu übernehmen.

c) 6. Sitzg. am 12. April 1902.

Anwesend alle Mitglieder außer Hrn. Jülicher; als berathendes Mitglied Hr. Schmidt.

~~[illegible]~~

(1) Es wird das Protokoll der vorigen Sitzung verlesen u. genehmigt.

(2) Der Kassenbericht für die KVT Ausgabe u. die Prosopographie wird vorgelegt u. Herrn v. Gebhardt nach Beschluss der Commission z. Prüfung übergeben.

(3) Der Geschäftsführer trägt den Jahresbericht pro 1901/2 vor. An einzelnen Punkten schlossen sich weitere Erwägungen. Namentlich soll eine Expedition nach Albanien u. Macedonien im Auge behalten werden.

durch die der Georgischen, [...] der Schätze
der georgischen Litteratur und zugleich war;
den.

(4) die Correcturkosten (Geffcken - Schylt) werden
von der Commission übernommen.

(5) In Bezug auf die Freizugsaben der Ahts u. Unterd. wurde
beschlossen, es bei euch Wüterod mit ihnen wie bisher zu
halten. Prof. Kirchhalt wünscht nur die Zusendung der
Hefte, die mit den Bänden der Ausgabe in engem Bezug
stehen.

(6) Ueber die Fortführ. der Arbeiten für die Chronik. des Joseph-
Flavius. Schriften wurde beschlossen (1) der Armenier und
Syrer-Jacob sind besonders zu bearbeiten u. zu edieren,
bevor die Fortführ. Ausgabe in Begriff genommen wird.
(2) die Flavius-Chronik anlangend, soll die [...]-
Uebersicht bei einigen Mitgliedern circulieren, damit
sie die Schätze ausnützen, in die für Probecollationen
Hieraus/die übrigen Bibliotheken sollen [...] werden.
Zunächst müssen zahlreiche Probebogen gefertigt
werden; zu diesem soll nach des Wüterod die
Jacobs-Collaten-Arbeit benutzt sein, damit die

[handwritten text, largely illegible German Kurrent script]

(7) ...

(8) ... Fr. 400 fr.

(9) Es wird beschlossen, Sokrates, ... Theodoret u. Philostorgius i. d. ... Hr. v. Wilamowitz erbot sich, ... zu ..., ...

(10) Das ... für die Verlage der ... des Corpus ... wird vorgelegt; die ... auch ... zu ...

(11) Es ...

welchem er vorschlägt, ihn an die Hand jeder der Schlaum-
Curievation des Org. u. Etsch. zu beschützen. Es fällt ihm
gemischentelt wordet, daß wir ganz nicht die Cademin[...]
im Allg., noch aber die YY-Cademen anschwächerten
wünschen, es sey Hr. Marantii die YY Curievation hat
[...] übernommen hat, daß er sich mit diesen u. Verbruch[...]
[...] u. [...] näheren Vorschläge machen sollte.

(12) Es würde mitgetheilt, daß Hr. Schmidt die Ordig.'s der
Arbeiten der Cunißisten übernommen hat.

(13) Die [...] anlangend, legte der Herr Schlichter
ein [...] an die Wentzel-Stiftg'zur Ansehen vor,
in welchem dieselbe [...] gehalten wird, die
[...] in ihrer Publication anzunehmen
u. der Cunißten jährlich 3000 M. zu gewähren, [...]
der jährliche Zuschuß z. HHVV. hierhala von mir
um st auf 2000 M. zu bemessen, ihm die Gehalt-
[...], die nach den Voranschlag noch reichst (44000
M.) sollten zu kürzen ( [...] auf 11 Jahre
statt auf 5 Jahre).

                    Harnack.

† J. Sitz. 18. Apr. 1903

Anwesend alle Mitglieder außer Hrn. Diels u. v. Gebhardt.
Anwesend auch Dr. Schmidt als berathendes Mitglied

(1) Es wird das Protokoll der vorigen Sitzg verlesen u. genehmigt. ( Ausgaben = 4265, 39 M., Guthaben ... 6825, 67 M.

(2) Es wird der Kassenbericht (KKW.Ausgabe) vorgelegt u. Hr. Dr. Klostermann mit der Prüfung betraut. [NB. diese ist erfolgt. Schatzmeister

(3) Es wird der Bericht des wissensch. Secretärs verlesen. Er derselbe giebt zu keinen Anlass.

(4) Es wird mitgetheilt, daß das Archiv der Commission von Dr. Schmidt vollständig geordnet worden sei.

(5) Der Geschäftsführer referirt ausführlich über den Stand der Arbeiten, nachdem er schon einige Wochen früher einen Bericht über sie unter den Mitgliedern hatte circuliren lassen. Die Arbeit jedes einzelnen Mitarbeiters, soweit etwas über sie bekannt war, wurde kurz besprochen ( ... , ... , ... , ... , ... , ... , Holl, ... , Grossmann, ... die georgischen Mitarbeiter, ... , ... , ... , v. ... , Gelzer, Marquart; die Arbeit am Hieronymus). Der Bericht gab zu folgenden Bemerkungen Anl.

Schließlich Nachlaß:

(a) Hr. Räder-Liegnitzen soll durch Heiberg aufgefordert werden, seine Rückgabe von Theodoret, Cur. Affect. entweder i. d. 1ten u. 2ten zu drucken oder Herrn Klostermann sein Material zur Verfügung zu stellen.

(b) Graßmann soll, wie schon den Gesellschaften vorgeschlagen, die Ausgabe des Zacharias jetzt in Angriff nehmen (vorläufiges Sprechen mit Marchand, Graßmann's Bedürfnisse i. Beziehung betreff.).

(c) dem georgischen Mitarbeiter i. Tiflis soll für seine wertvollen Beiträge eine Prämie geschickt werden, deren Höhe mit Hrn. Bonwetsch festzustellen ist.

(d) an Mercati soll geschrieben u. er ersucht werden, einen neuen Termin f. die Fertigstellung seiner Arbeit zu nennen.

(e) i. Bzg. auf den Hieron. soll Trenkle durch Hrn. v. Wilamowitz ersucht werden, die Rückgabe zu übernehmen oder doch einen jüngern Gelehrten zu nennen, der sie unter seiner Leitung u. Aufsicht herstellt (Hieron. ist ghochgeschätzt u. liegt bei Hrn. Mercati; Flories. hat Trenkle selbst i. Freiburg beschaffen lassen).

(1) Die Prospekt- wegen soll an Hrn. Schwartz geschrieben werden, ob er immer er Skillraß ist, die Ausgabe zu herzustellen.

(6) Der Anwegen Dr. v. Hoffmanns (briefl.), daß Honorar für die Mitarbeiter zu zahlen haben leider keine Folge gegeben werden, da die Ließe eine (Gesetz) nicht er- laubt. Dies — noch viel weniger, wenn die früheren Stimmen nachträglich früher honorirt werden sollten.

(7) Die Kartographie anlagend, wurde der Ließe- bericht vorgelegt und Hr. Hirschfeld mit der Prüfung desselben betraut (Ausgaben 507,50 M.; Lieferungen 2976,95 M).

(8) ~~freibringend Schweidnicht~~ Hr. Meißner legte seine Arbeit vor u. berichtete über die Grundsätze derselben; Hr. Jülicher referirte über seine bisherige Tätigkeit. In Bezug auf die Grundsätze u. Methode f. die Anzeige ergab sich zwischen Hrn. Meißner u. Jülicher in vollkommenes Einverständniß, das sich dahin zusammenfassen läßt:

    (a) Auf den Litteraturzetteln sind alle Namen zu excerpiren.

    (b) Auf den Sachzetteln sind nur die Namen von Nachschpfmmm oder ... Personen zu excerpiren, also ... z. B. die ...

(c) die [...] sind in der [...] [...] zu [...], aber möglichst viele Mitarbeiter zu [...]. ([...] [...] Namen soll statt der Artikel [...] stehen.

(d) die [...] Schriftsteller [...] jetzt [...] zu lassen, wird abgelehnt, die Aufnahme aber nicht [...] Jahr [...].

(e) Hr. [...] erbiet sich ein [...] mit einem [...], voraussichtlich C. J. b. XII vorzulegen.

(f) Hr. Jülicher [...] für [...] Mittel bis 700 Mark bewilligt, für Libanius Mittel bis 300 Mark, für die [...] [...] Mittel bis 400 M., für die [...] ([...] [...]-Bau, [...] [...] 2) und i. [...] [...]) [...] bis zur Höhe v. 400 Mark.
[...] kam nicht vor. Harnack.

[...]

8. Sitzung vom 23. April 1904. 4 Uhr.

Anwesend alle Mitglieder außer Hr. Loos + v. Gebhardt.
Da Hr. Seeck nur bis 6 Uhr Zeit hatte, so wurde zuerst über
die Prosopographie verhandelt.

(1) Das Protokoll der vorigen Sitzg, die Prosopographie betreff.,
wurde verlesen + genehmigt.

(2) Der Bericht über den Kassenstand wurde gegeben. Einnahme
5976,95 M., Ausgaben: 2109,40 M. Bestand:
3867,55 M. Mit der Prüfung der Rechng wird Hr. Hirschfeld
betraut.

(3) Hr. Jülicher berichtet über den Stand der Arbeiten, über
über die Excerpten-Arbeiten der freiwilligen Mitarbeiter
sowie über seine Arbeit an den Bischofslisten. Jene verlangsamt,
so haben die älteren Herrn Collegen fast sämtlich die übernommenen Aufgaben abgeliefert; eine Reihe von Arbeiten
jüngerer Collegen steht aber aus. Es wird beschlossen den
im Rückstand Gebliebenen zu schreiben u. ihnen den 1. Januar
1905 als letzten Termin zu stellen. Sollten sie sich nicht verpflichten, diesen Termin einzuhalten, so sollen die Arbeiten
Anderen (für Honorar) übergeben werden.

(4) Hr. Hirschfeld berichtet über seine Arbeit. Faßt die
...

[Handschrift, deutsch]

[…]zeige auf den 12. Bd. des C.J.L. gemacht, berichtet über die dabei befaßten Grundsätze und übergibt Hrn. Seeck das Material. Hr. Hirschfeld […] weiter mit, daß Hr. Rappaport den 10. + 11. Bd. des C.J.L. ergänzt [?]. Was die Papyri betrifft, so hat Hr. Teubner ([…]) die Berliner bisher bearbeitet. […] bis 325 hat er […] nachgewiesen, […] die […] […] […]. Die Münze aber sollen noch weiter […] nachgewiesen werden. Hr. Teubner soll die Arbeit an der Papyri fortsetzen. […]

[…] soll 1 M. pro Stunde bezahlt werden; aber […] ist zulässig, […].

β) Hr. Seeck berichtet über seine Tätigkeit. Er hat […] in der […] vor der Sitzung […] eingehend mit Hrn. Jülicher über die Grundsätze der Arbeit verhandelt, u. hat […] in einem vollk. Einverständnis […]. Im einzelnen berichtete Hr. Seeck Folgendes:

((1)) Den […] will er selbst übernehmen.

((2)) Die […] Vorarbeiten zu den Rechtsquellen, […], […], […] etc. […], aber […] abgeschlossen. Eine […] ist überall vorhanden;

((3)) die meisten + wichtigsten Verhältnisse sind
Medien als Gewohnheiten die Genealogien Kaiser,
(dazu die Magistratslisten), die Genealogien der Dichter-
schule sind bibliothek.

((4)) die meisten Schriftsteller, welche größeres Material
enthalten + die Gewohnheit f. d. Prosopographie enthalten,
will Hr. Seeck selbst bearbeiten.

((5)) für die Genossen 2. + 3. Rangs sind herangezogen
zu gewinnen. Theils f. Vorschlag v. Hrn. Seeck, theils
und die Mitte der Caritssion hatten werden folgende
Gelehrte f. sie ins Auge gefasst:

Astrologie — Kroll (Greifswald)
Rhetoren — Radermacher
Ärzte (besonders Alexandrien) Schöne.
Grammatiker — Wenzel? Krumbacher.
Lexikographen — Oder (aber er ist Arzt).—
Kriegswesen — Kromeyer?
Waffenmüller — Heiberg
Rechtsgeschichte — G. Hoffner.
Metrologie — Saal selbst + Pernice.
Mathematiker — Förster.

... – Büsse – Berlin (?)

Grammatici lat. – Keil's

Subscript. lat. – Jahn's Ausgabe.

Griech. Inschriften: es soll mit den vorliegenden
Material begonnen werden (Rapport);
Hiller soll um Bericht angegangen
werden. In Betreff soll bei Beisdorf
bzw. Kühlkraft angefragt werden. Natürlich müssen auch die geschriebenen Inschriften
(z. B. auch ausländisch-theologische) auf
Brauchbarkeit durchgesehen werden.

Liturgie (Heilige, Osterkult etc.) — Dr. Schmidt.
für Schuster — Haigoldt.

Acta SS. — Harnack soll an die Bollandisten
Schreiben, ob sie [...] nicht die Ausgabe
für uns machen wollen.

Über Protokoll der vorigen Sitzg. in
Bzg. auf die R.K. Väter-Ausgabe wurde
verlesen + genehmigt.

(2) Der Kassenbericht wird vorgelegt: Einnahmen: 10825, 67 M
Ausgabe 5390, 80 (also 1390, 80 M über die Sollabt-Ein-
nahmen). Rest: 5434 M. 87 Pf. Hr. Hirschfeld wird mit
der Prüfung der Kasse betraut.

(3) Über den Stand der Arbeiten ...

Nach dem gedruckten Bericht vom 28. Juni 1904 u.
ein Cirkularschreiben vom 29. März 1904 bereits im
Allg. anvisiert. So verlas nun die Briefe der Mitarbeiter,
die seither eingetroffen waren, nämlich von Heikel,
Violet, Ehrhard, Marquart, Reichardt, Gelzer, Fink,
Dobschütz + dietzmaa. Hr. v. Wilamowitz berichtete
über die Ausgabe d. Clemens, deren Druck beginnen soll,
u. seine Bearbeitung am Stephban. Festgestellt wurde
sodann : (1) Hr. Heikel soll für seine Reise (Demands)
eine Entschädigung erhalten. (2) Die Bezüge auf Violet, Ehrhard,
Marquart, Gelzer, Funk + Dobschütz soll weiter gewartet
werden, sges. soll Hrn. Marquart die Ausgabe noch nicht
entzogen werden. (3) In Bezug auf Gregor Thaum. soll
von Reichardt abgesehen und die Ausgabe Hrn. Rade-
macher übertragen werden. das Schriftl. macht Hr. Heiligen-
feld. (4) Hr. Diels will durch Hrn. Heiberg Hans
Raeder (Kopenhagen) bitten lassen, seine Ausgabe von
Theodoret, Curat. affect. zunächst in den Iter u.
Method. erscheinen zu lassen und jede Material Hrn.
Glöckner zu geben. (5) Hr. Diels theilt mit, dass Hr.
Maas 1904 + 1905 noch nicht zur Durchführung.

x) Reproduktion des Pergaments nach Brinkmann.

des Hozhzohzes huchem wird. (6) die Zenuz des Zueveug-
Joll Zen. Helm überhugen werden. die Zh. dill + Theilen-
menig wollen ihm den hatzg übermitteln. [ An die
Zerstellg des friphehreis jelbst wird ihm jetzt Ze Jaehi
ins Auge gefaßt]. Auf Monihani Zienenhaus-feoter
colleaimen joll gehorcht jft worden. (7) Zen. bichzmen
joll auf hier Aufozg, einer riedise Prhvenation des Culeuen.
Interechanel behoff., zueuhrorchtel werden, ch die Cueuzhen
hearet ift, für 3 Taher zü 400 Mreuchzehzzen. Under
de Vanerühozhz, ch Zr. bichzanen in diefen Tahre die
zehlnch freruifcher Rorche rechft üebezenürt, jollen die
3 Taher mit dem 1. Egril 1905 begiruen. (8) Zen.
~~Brielehh~~ Hinrchhz hofuuzg, des frezen die hülhohen
hehouf., joll zuenhrornchet worden, fr M des hiffen
beruchhe frenzier auch fernachern zehrnchfl werden
Joll. (9) der Berzht
des richrach. Benenten
wird verlohen ü. geh
zü forerizen heiren
huelueh ( hrhhohen der
Soote Hreühi; eizzzt. Rech).

Haumeh

9) 9. Sitzung am 29. April 1905. 4 Uhr

Anwesend alle Mitglieder außer Hrn. v. Gebhardt.

A: die XXVV Ausgabe. (1) Es wurde das Protokoll der vorigen Sitzung verlesen u. genehmigt.

(2) Es wurde der Kassenbericht vorgelegt. Einnahmen mit dem Übertrag 9434 M. 87 Pf., Ausgabe 4373 M. 85 Pf. Rest 5061 M. 2 Pf. H. Hirschfeld wurde mit Prüfung betraut.

(3) Über den Stand der Arbeiten hatte der Geschäftsführer durch den gedruckten Bericht v. 28. Juni 1905 u. durch die Cirkularschreiben v. 3. April 1905 samt beiliegenden Beilagen bereits im Allgemeinen orientiert. Im Anschluß daran wurden einzelne schwebende Detailfragen besprochen. Diese Besprechungen gaben zu Beschlüssen oder bestimmten keinen Anlaß. Beschloß wurde nur, daß Hr. Morgnat unabhängig werden solle, die Absicht über die (gedr.) Vorlage der unnötigen Zweit der festlichen [...] abzuschaffen u. zugleich [...] von [...] überzuzahlen ins Gericht zu geben; ferner daß Hrn. Rath noch ein Schreiben an den Vorstand, das Gegenteil Thema [...] werden solle.

4) Der wissensch. Beamte Dr. K. Schmidt trägt seinen Bericht über seine Thätigkeit 1904/5 vor. Derselbe hat zu Bemerkungen keinen Anlaß. Seine Hauptarbeit war im laufenden Jahr die Fertigstellung des 1. Bandes der laogr. Handschriften. Derselbe ist im April 1905 erschienen.

(5) Im J. 1905/6 sollen womöglich die beiden Bände Hausbuch Schott u. Klosterneuburg, Hausbuch-Marcell publiziert u. mit dem Druck von Clemens, Strom. u. Koetschau, Originaltexte Dexter begonnen werden. — Bestand kam nicht vor.

B die Rechnungssachen (1) das Protokoll der vorigen Sitzung wird verlesen u. genehmigt.

(2) Der Kassenbericht wird vorgelegt. Er schließt mit dem Übertrag: 6867 M. 55 Pf. Ausgabe: 3385 M. 80 Pf. Rest: 3481 M. 75 Pf. Mit der Prüfung wird Hr. Hischfeld betraut.

(3) Hr. Treitler soll aufgefordert werden, seine Rechnung einzureichen.

(4) Die HH. Jülicher u. Seeck referiren über ihre Arbeiten. Hr. Jülicher theilt mit, daß die Anzeige einer

fast vollständig gezeigt ist. Auf Antrag des Herrn. Herzfeld
wird beschlossen, den freiwilligen Mitarbeitern den Dank
der Commission auszusprechen. Hrn. Jülicher u. Klarmacht
sollen desselben zukommen u. [...] mit den Namen der
Mitglieder untergehen. Hr. [...] stellt mit, daß seine
[...], [...] z. [...] [...] gegen [...] das
[...] [...] [...] wird. Dieselbe soll in den [...]
u. [...] erscheinen. Hr. [...] legt den [...]
eine [...] zur [...] der [...] für die
Mitarbeiter an dem größeren Theile der [...].
[...] vor. Dieselbe wird mit der Maßgabe [...],
daß er mit den [...] [...] [...] [...]
[...] [...] soll. Die Geschäftsführer wird bekannt,
für diese [...] Sorge zu tragen.
(5) Hr. Herzfeld wird auch weiter für die [...]
der [...] und den Corpus [...] Sorge tragen.
Es [...] ihm [...] die Mittel zur [...] [...]
[...] z. [...] von 500 M.). In der gleichen [...]
[...] Hrn. Jülicher Mittel z. [...] gestellt
(6) Wegen der [...] und [...] [...] [...]

Schriften soll Hr. Harnack mit Hrn. Wilpert in Verbindung treten; wegen der Excerpte aus den Acta SS.
— die Bollandisten haben es abgelehnt, die Arbeit zu
besorgen — soll zunächst der Rath v. Hrn. Ehrhard eingeholt werden.

In Bezug auf die Gesellsch. der Kirchengeographie wurde
einmüthig beschlossen, ehe daß es zu Beschlüssen
kam, da der Zeitpunkt für solche noch nicht gekommen
ist. Allseitig wurde ~~[illegible]~~ gewünscht, daß die großen
Kirchensprengel monographisch bearbeitet werden
müßten, aber auch anerkannt, daß ohne Landschafts-
studien hier nur halbe Arbeit gethan werden
kann.

Weiteres kam nicht vor.

A. Harnack.

10) 10. Sitzung am 28. April 1906. 4 Uhr

Anwesend alle Mitglieder außer Hrn. v. Gebhardt u. Julier.

A: die XXVV.-Aufgabe. (1) Es wird das Protokoll der vorigen Sitzung verlesen u. genehmigt.

(2) Es wird der Kassenbericht vorgelegt. Der Übertrag u. die neue Bewilligung betragen 9061 M. 2 Pf.

Die Ausgaben betragen 3155 M. 5 Pf.

Kassenbestand: 5905 M. 47 Pf.

Hr. Hirschfeld wird mit der Prüfung der Rechnung betraut. Bei dem jetzigen Bestand der Kasse wird beschlossen, für das nächste Jahr einzureichen mit einer Forderung von 3000 M. an das Consortium der Wenzel-Hancke-Stiftung zu richten, sofern aber 4000 M. für die Photographie zu erbitten.

(3) Über den Stand der Arbeiten soll der Geschäftsführer in der geplanten Sitzung v. 25. Juni 1906 berichtet. An Hrn. Beeson soll geschrieben werden, er möge auch bei die freundlich ganze der Akte Archiv. ... zusenden. desgl. soll an Hrn. Ströhler geschrieben werden, ...

Ein Probedruck der Clem.-Hom. soll von Hrn. Violet der Commission vorgelegt werden. — Die Entscheidung über die Ausgabe des Justin, die Hr. v. Gebhardt übernommen hat, wurde vertagt. — Die Ausgabe des Irenaeus wurde Hrn. Prof. Ficker-Halle übertragen; er soll, bis er den griech. Text (bei Epiph.) erhält, den lateinischen bearbeiten u. die sonstigen Vorbereitungen treffen. — In Bezug auf den ~~uns~~ eben eingetroffenen ~~neuen~~ armenischen Irenaeus soll zur Revision der deutschen Übersetzung Hr. Karst-Strassburg aufgefordert werden (Honorar s. u.). — Auf Grund eines Briefs von Wendland wurde vermerkt, dass die Ausgabe der Philos. des Hippolyt erst gefördert werden könne, wenn der Epiphan., bez. der Irenaeus zugänglich gemacht ist. ~~Hr.~~ Holl hat in Aussicht gestellt, nun seine ganze Kraft dem Epiphanius zu widmen. — Der Julius Africanus (Gelzer) soll zur Zeit noch ruhen bleiben. — Der Auftrag an Hrn. Preuschen betreffend den Matth.-Commentar des Origenes wurde aufrecht erhalten. — Beschlussfassung über Gregorius Thaumaturgus wurde ausgesetzt. — Hr. Schmidt theilte mit, dass er demnächst die Collation des Bologneser Codex für Heikels Ausgabe der Demonstrat. ev. des Eusebius vollenden wird. —

— Hr. Halm hat sich bereit erklärt, die Ausgabe
des Hippon. (Chronik) zu übernehmen. — Hrn. Marquart
soll die Ausgabe der armenisch. Geschichts-Chronik wie
vorgezogen werden, da es nach ihm nicht geliefert
hat. Sie soll Herrn Karst (s. u.) übertragen werden. —
In Aussicht des Hrn. Bradke ist die Ausgabe
von 2 Geschichtsschriften (Περὶ διδγωρίας εὐάγγελ-
λεν — Ἡ τοῦ ἐνδόξου ὁτοχημάτην εὐάγγελη
bj. Αἱ τιλὲ τοῦ Χειστοῦ Ἐκλογαὶ προγματ')
und zu versehen. Frl. v. Wedel wird für die
Ausgabe ins Auge gefasst. — In Bzg. f. auch Theoret, Stz.,
Theodoret soll z. J. nach seine Anfrage an Hrn. Biden
in Parmentier gestellt werden, da Hr. Biden z. J.
mit anderen Aufgabe beschäftigt ist. — Hr. Düst
hat erklärt, um die Ausgabe des Hamilton + der
Eikones in Angriff zu nehmen. Aber die Delegationen
können noch nicht entschieden werden, die Handschriften
soll geprüft werden. — In Bzg. auf die Acta alexand.
hat Gregorj Hr. Eberhard sich außerhalb verfügbar
und orientalischen Zeitschriften geliefert. Hr. Eberhard
hat an die Ausgaben den Acta gehalten, die

[...] Karst-Katastrophe mit der Durchsicht der romanischen Handschriften [...] ... nach längerer Debatte wurde beschlossen: Es soll dem Herrn Karst der Auftrag erteilt werden, ein Tag lang [...] für die Commission 20 Stunden wöchentlich für ein Honorar von 1500 M. zu arbeiten. Er soll in dieser Zeit (1) den neuen romanischen Itinerar [...] durchsehen u. durchsichtig machen, (2) die romanischen [...] [...] romanisch u. [...] [...] (oder [...] auch [...] [...] [...] [...] mit Hilfe der [...] [...] [...]). Sollte er nicht [...] diese Arbeit im [...] [...] [...] nicht [...] [...] so wird eine Verlängerung des Verhältnisses ins Auge gefasst, u. Hr. Karst soll dann auch die romanischen Handschriften für Hrn. Ehrhard [...]. Das Honorar soll ihm [...] gezahlt werden laut [...] des Hrn. Karst, [...] er 20 Stunden wöchentlich gearbeitet hat, u. ist [...] zu [...], [...] [...] in kürzerer Zeit auch die Arbeiten [...] machen könnte.

[...] kommen nichts vor.

[...] Prof. Dr. Schmidt

B. [Kassengeschäfte.]

(1) Das Protokoll der vorigen Sitzg. wird verlesen u. genehmigt.

(2) Die Rechng. wird vorgelegt. Die Einnahmen betragen mit dem Übertrag: 6481 M. 75 ₰.
die Ausgaben: 3446 M. 25 ₰.
Rest 3035 M. 50 ₰.

Hr. Hirschfeld wird mit der Rechng. betraut.

Es wird beschlossen für 1906 neue Literatur für die Wenzel-Stiftg. 2000 M. zu erwerben.

(3) In Bezug auf die Berichte der beiden Geschäftsführer Hr. Zülzer u. Hr. Seeck machte Hr. Hirschfeld eine ausführliche Darlegung; sie soll das nächste Mal erfolgen.

(4) Die Interpellation für die [Ergänzung] der Akten SS., nach die Hrn. Eckhard u. [...]schafter vorgelegt hatten, wurde [...]

(5) Hr. Zülzer soll gefordert werden, dass er sich in [...] nach Abgabe [...] die [...]-Zettel die [...] schaftung [...] sollen; die ihm [...] Prämie für [...] arbeiten wird auf 700 M. erhöht.

44

(6) Mit Hrn. Wilpert soll über die christlich-römischen Inschriften nicht verhandelt werden, weil auch z. Z. noch nicht mit Hrn. Gatti, sondern die Sache soll aufgeschoben werden.

(7) Hr. Seeck erklärt sich mit, daß er den Studien zu den Theodos. Cod. in Angriff genommen habe. Es aber bezüglich von Werken wie Photius, Suidas etc. soll vorgesehen werden; Hr. Harnack erklärt sich bereit, Hrn. Seeck Arbeiten zu vermitteln.

(8) Die Hinsicht der Nachsuche bezieht sich über den Verlag der Prosopographie. Es soll ihr geschehen werden, daß, weil die Sache bis jede Veröffentlichung gefördert hat und, die Kommissionen in nächster Reihe ihrer Verpflichtung entgegen sehen werden.

Weiteres kam nicht vor.

Harnack.

11) <u>11. Sitzung am 20. April 1907. 5 Uhr.</u>

Anwesend alle Mitglieder (mit Ausnahme des Hrn. Frank).

A: <u>die KKVV. Aufgabe.</u> (1) Es wird das Protokoll der vorigen Sitzung verlesen + genehmigt.

(2) Es wird der Kassenbericht vorgelegt. Der Übertrag + die neuen Bewilligung (betragen: 8905 M. 47 ₰. [3000]

die Ausgaben betragen : 4684     83 ₰.

Kassenbestand :     4220 M. 64 ₰.

Hr. Hirschfeld wird mit der Prüfung der Rechnung betraut. Da die Ausgaben die Einnahmen in diesem Jahre so erheblich überschritten haben, u. die Commission nicht ihren ganzen Reservefonds aufbrauchen darf, beschließt sie zu ihrer alten Forderung von 4000 M. zurück, zukehren, die sie im Interesse der Prüfung der Bewilligung für die Naturforschung im vorigen Jahr auf 3000 M. ermäßigt hatte. Demnach soll oder versucht werden, für die Naturforschung wiederum 4000 M. zu erhalten.

(3) der Geschäftsführer legte oder zuerst auf den Antrag ... gedruckten Geschäftsbericht vom Januar d. J. den Stand der Arbeiten dar, die einzelnen ...

4L

Sitzung würde.

(a) Violet-Unra ist im Druck.

(b) Stillin, Clemens II soll im Herbst die Arbeit zum Druck
kommen; aber er soll nicht gedruckt werden. Die Geschäftsführung wird beauftragt den Versuch zu machen, ihm
solche Erleichterungen zu schaffen durch eine Vorstellung
bei seinem vorgesetzten Ministerium. Auch kann ihm eine
Unterstützung aus der Kasse der ??? gewährt werden.

(c) Der im Druck befindliche große Index von Schwartz zu
Euseb's Kirchgesch. wird vorgelegt. Eine weitere Entscheidung, Auffallen wird Herrn. Schwartz u. der Verlagshandlung überlassen.

(d) Koch'schen – Orig., de prinz. — die Collationen sind
nahezu fertig.

(e) Preuschen – Orig; Matth. — Preuschen hat mit Münchner
u. Cambridger Photographien die Hss. erhalten und
arbeitet an ihnen.

(f) Holl arbeitet an der Hss. Die Ergebnisse u.
wird die Untersuch. mit allen Kräften fördern.

(g) Prof. v. Wedel wird die Herausgabe der 2 Ergebnis-
Schriften (??? Bergst) übertragen. An die Wiener
Bibliothek soll wegen photograph. Aufnahme ??? Regensburger

der Schrift — um deßen in Wien selbst wie nicht in Berlin — geschrieben werden.

(b) Dieg & Parmentier — Soerat, Soyaux etc. : f.
Dieg ist soeben nach einer Reise (mit Untersuchung der Commißion) in Italien für die Drucklegung u. hat für die Schrift... eine Abschrift... der... (...) angekündigt. (Es soll ihm geschrieben werden, daß die Commiß. die Aufnahme zur vermitteln wird.

(c) Bardt — Hübel, Choro. Bonn. — — Bardt hat mitgeteilt, daß er noch in diesem Mai... die Ergebniße der deutschen Überschau bearbeiten wird. In Bezug auf die... Denkschale... der erwarteten Texte beschließt die Commißion prinzipiell dieselbe, läßt aber die Frage des „Wie" ..., „Wo" und mit welchen Mitteln noch offen u. beauftragt den Geschäftsführer darüber mit Hrn. Bardt in Verhandlung zu treten, zu möglich aber auch die Veröffentlichung der erwarteten Texte unter ihre Aegide zu faßen.

(d) Haber, Hieron-Chronik — Hr. Haber hat...

48

brieflich erklärt, daß er nunmehr den Neudruck der Ausgabe
nicht treten wolle. Die Geschäftssachen wird von den HH.
Diels u. v. Wilamowitz erfüllt, beim Ministerium für die
Verlassung der Lage des Herrn Helm nach seinerseits einzutreten.

(l) + (m) Über Wendland, Hippol. u. Fischer, Iren. konnte
nichts beschlossen werden, da diese Ausgaben die Fortsetzung
des Textes des Epiphan. zur Voraussetzung haben. Daß bres
mit den Iren. Cat. gearbeitet werden. Auch das gründliche
Corrigieren der bisher unbekannten Irenäushandschrift u. s.
Texten u. handschr. reichs Zeugnissen.

(n) Funk – Hamilton des Clement. schützt den Tod des
Herrn Funk ist die Ausgabe verzögert. Nachrichten über
seinen H. Nachlaß haben wir bisher nicht erhalten. Die
Commission beschließt, die Homil., Recogn. u. Epit.
Herrn büschke – Brei einzutragen.

(o) Dobschütz u. Berendts — Apocrypha. Über den
Beginn der Drucklegung läßt sich noch nichts feststellen.

(p) Liechmann — Origenes u. fürschließt-Catenen — Herr
Liechmann arbeitet für sie in diesen Osterferien

... unterstütz~ ... Commission in ...

(q) ... - ... Hr. ... hat ... erhalten u. arbeitet an der Herausgabe.

(r) Hübel - ... Nach einem Brief an Hrn. v. Wilamowitz vom ... wird der ... noch ... nach einem Jahr zurückzugeben sein.

(s) Erhard — Acta Mart. Hr. Erhard hat außer der ... seiner Arbeiten keine Mitteilungen gemacht.

(t) Gelzer, ... — Hr. Schmidt hat den ... überlassenen Nachlaß durchgesehen. Es soll der Wittwe ... werden, daß ... diesen Nachlaß am besten nicht einem ... Nebelschütz ... wird (Jena). Da eine Herausgabe des ... ist, ... erst nach der Herausgabe der ... u. ... zu ... Dann wird der Nachlaß ... werden.

(u) Gelzer - Notitiae — Hr. Schmidt hat die überlassenen Manuskripte durchgesehen. Es soll an Hrn. ... wegen des Vorschlags, Hr. ... mit der Edition zu betrauen, geschrieben werden. ...

5.

(3) [...]

(4) [...]

(5) [...]

(6) [...]

(7) [...]

1) Das Protokoll der vorigen Sitzg. wird verlesen + genehmigt.

2) Die Rechng. wird vorgelegt. Die Einnahmen betragen (4000 M.) mit dem Übertrag : 7035 M. 50 Pf.

    Die Ausgaben          : 3191 M. —

            Kassenbestand : 3844 M. 50 Pf.

Hr. Hirschfeld wird mit der Prüfg. betraut.

(3) Die Berichte der beiden Hrn. Hilfsarbeiter Jülicher + Seeck werden verlesen. Hr. Hirschfeld regte an, daß eine Liste der exzerpirten Schriftsteller in Corpora angelegt werde. Hr. Harnack sagte das zu.

Hr. Hirschfeld regte ferner an, daß mit Hrn. Seeck in Bezug auf ein schnelleres Tempo der zu gelegi, werden müßte.

 [...] (die die Arbeiten u. Tauschen schienen in diesem Jahr überhaupt gestockt z. haben). Hr. Harnack sagte zu, in diesem [...] Hrn. Seeck z. verhandeln.

Weitere kam nicht vor.

                    *Harnack*

1ä) 12. Sitzung am 22. April 1908. 4½ Uhr.
(Anwesend alle Mitglieder außer Hrn. Diels + Hirschfeld).

A. Die KKVV Ausgabe:

1) Das Protokoll wird verlesen u. genehmigt.

2) Die Kassenbericht wird vorgelegt:

|  |  |  |  |
|---|---|---|---|
| Vilertrag: | 4220 M. | 64 Pf. |
| Bewilligt, Neue : | 4000 M. |  |
| | 8220 M. | 64 Pf. |
| Ausgaben: | 4153 M. | 3 Pf. |
| Rest: | 4067 M. | 61 Pf. |

3) Zur Revision wird Hr. Holl bestellt.

4) Es sollen zur Durchführung wiederum 4000
    Mark erbeten werden (siehe einen Zusatzpunkt
    1. u.).

5) Die Geschäftsstelle führer berichtet unter freiem (?) auf
    den gedruckten Bericht über den Stand der
    Arbeiten. Zu Stählin, Schwartz, Violet, Kochschud, Traussen,
    Holl, v. Wedel, Nötzs, Parmentier, Helm, Wendland, Ficker, Loesche,
    Dobschütz, Bernoulli, Bonwetsch, Heikel war nichts besonderes zu
    bemerken. Jedoch soll Violet für Manuskript nicht auf Kosten
    des Druckes fertig machen; über den Stand der Proleg. ... von
    Schwartz sollen Erkundigung eingezogen werden u. auch über
    den Stand der Arbeit v. Heikel.

6) Karet soll den Rom. Text eingericht, die Rücklage
    wird benutzen. Es würde ihm weiter 500 M. gezahlt
    Unter der Bedingung, daß er eine Textstelle wiederbott u. ...
    den Text über das Nötzste u. kenngste Form ...
    + Schwartz sollen ... ...

54

(7) [...] Plan wird vorgelegt — die theologische [...] [...] der Catanen. Allein die [...] [...] gegen 6000 M. kosten. Es wird beschlossen, nach dem Plan vorzugehen und das Curatorium zu [...] zu [...], und 3 Jahre lang jährlich 2000 M. zu geben für diese Untersuchung; die 2000 M. 3 Jahre lang wollen wir selbst aufbringen.

(8) Eberhard soll die zugesetzte [...] Unterstützung für die Athos Reise erhalten, aber es soll ihm gesprochen werden, [...] die Commission die Reise im Herbst nicht für zweckmäßig hält; sie [...] bleiben [...] dem Athos z. Z. vorzüglich [...]; jedenfalls solle er sich erst erkundigen, bevor er reist.

(9) Der Geschäftsbericht des [...] Bernstein d. Schmidt wird verlesen + gibt zu Bemerkungen keinen Anlaß. [...] kam nicht vor.

B. **Rechnungswesen.** (Anwesend der Vorsitzer u. Hr. Seeck).

1) Das Protokoll wird verlesen u. genehmigt.

2) Der Kassenbericht wird erstattet u. z. [...] Revision Hr. Holl gewählt.

[...] : 2848 M. 50 ₰
[...] : 4000 M.
6844 M. 50 ₰
Ausgaben : 3495 M. 15 ₰
Rest : 4349 M. 35 ₰

3) [...] [...] an d. Curatorium [...] [...] 4000 Mark.

55

4) die HH. Jülicher + Seeck erstatteten den Geschäftsbericht. es wurde die Lage des bearbeitend. Verfassers, ihm
sich besonders Mißliche nötig schienen. die Herausg. d.
Forschungsh. Quellen soll nichts geschädet werden.
H. Seeck will ein kleine Zusf. stellen aller Stücke, die
hergehört sind.

5) Es wurde ins Auge gefaßt, in den nächsten Abend. Sitzg.
bericht die Übersicht über alle Einzelgesch. Herausgeber
Drücken zu lassen u. entweder in Ausgaben oder in
einem nachstgültigen M. Übersicht über alle Forschungsh. Herausg.
Sonst kam nichts vor.      *Harnack*

13)     13. Sitzg am 24. April 1909. 4½ U.

(I) RKVV. – Commission    (+ den Wiff. Beamte Schmidt
(Anwesend: alle Mitglieder außer Hrn. Jülicher).

1.) S. Protokoll wird verlesen u. genehmigt.

2) die Kassenbericht wird vorgelegt:
     Einnahm: 8067 M. 61 Pf.
     Ausgabe: 3776 " 44 Pf.
        Rest 4291 M. 17 Pf.

3) die Rechnung wird D. Holl gestellt,

4) Es sollen vom Ministerium wiederum 4000 M. z.
f. die Kataloge erbeten werden.

57

5) Die Geschäftsführer berichtet über die einzelnen Unternehmungen:

(a) [...] mit die Farbzg. zu [...] bis [...] Agroth
[...] machen.

(b) Victal ist noch immer im Druck.

(c) [...] Clement wird jetzt ausgegeben (Bd. 3), die
Register folgen.

(d) [...] hat die 1. Rate f. [...] schollen
u. die röm. Cat. [...] lassen.

(e) [...] Druck soll im Herbst beginnen.

(f) [...] wird in den „[...] & [...]" die Abschieds-
Brief [...] [...] von Hr. v. Wilamowitz
wird a. der Jurisgebahr der Gerichte als Abart. abgezogen,
Sogegen sollen die κεϲτοι ins [...] gesetzt werden.

(g) Helbens Bericht über die Gemert als [...] wird [...].
Es soll ihm eine Reise nach Paris bewilligt werden. Hr. Diels
[...]

(h) Der Druck [...] von Kerst wird vorgelegt; Hr. Diels
[...] wird ihn genauer beschreiben.

(i) Ein Brief v. Elsland über eine Reise nach [...]
a. den Athos wird [...].

(k) Ein Tod v. Wachel, Woodhull, Tischer, [...], Bidez,
Heibel soll gesprochen werden, um [...] zu besprechen.

57

(l) Bauer soll angegangen werden, die [illegible] der [illegible] zu übernehmen, [illegible] das [illegible] von [illegible] ([illegible]).

(m) Es wird beschlossen, dass [illegible] einen Band bilden soll. [illegible] braucht nicht von demselben [illegible] und [illegible] zu werden. Die übrigen [illegible] die [illegible] VV können zus. einen Bd. bilden.

(n) Über [illegible], [illegible], [illegible], [illegible] wurde nichts beschlossen.

(o) Der Bericht des [illegible] wurde verlesen und gab zu [illegible] keinen Anlass. Doch soll er aufgefordert werden, die [illegible] [illegible] [illegible] zu [illegible].

Weiteres kam nicht vor.

Harnack

## II. [illegible]:

(Anwesend alle Mitglieder außer Hrn. Seeck, [illegible] + Schmidt)

1) Das Protokoll wurde verlesen u. genehmigt.

2) Der [illegible] wird vorgelegt:

58

Übertrag : 8349 M. 95 Pf.
         3757 M. 75 Pf.

Rest 4591 M. 60 Pf.

3) Hr. Holz wird zur Revision bestimmt.

(4) Da beide Geschäftsführer der Festprogramme nicht einverstanden waren, ihre Wünsche auch zu berücksichtigen keinen Anlaß geben, so wird nun beschlossen, daß die Frage, ob die Festprogramme dauernd abzuschaffen sei, in der nächsten Sitzung entschieden werden solle und daß die beiden HH. Geschäftsführer aufzufordern seien, bis zum 1. März einen ganzen Festartikel vorschriftsmäßig Größe in deutscher Sprache zu lesen.

Harnack

14) 14. Sitzung am 23. April 1920. 5 Uhr.

    I KKVV.-Commission.

Anwesend alle Mitglieder u. der
wissenschaftl. Beamte Hr. Prof. Dr. Schmidt.

(1) Das Protokoll wird verlesen und genehmigt.

(2) Der Kassenbericht wird vorgelegt.

    Einnahme 9291 M. 17 Pf.

    Ausgabe 4701 "  55

_____

Mehr Einnahme 4589 M. 62 Pf.

(3) Die Rechnung wird J. Holl bestellt.

(4) Es sollen vom Directorium 4000 M.
+ 2000 M. f. d. Lehmannforschg. erbeten
werden.

(5) Der Geschäftsführer berichtet über die einzelnen Unternehmungen.

    (a) Schmidt Lieferg. II, Violet fertig, Städtler Chenal III sind
affinirt.

    (b) deutsche Orig. Texte Lexika soll i. diesem Jahr i. d. Druck
kommen.

    (c) Biedge's + Pannentius' Arbeiten sind i. Druck. Hr.
Zülzer berichtet über die Anlage der Register usw. die
Abschnitte, die sich bei den 3 Schreibern finden, sollen
beim Betrachten drucke ein einheitliches Register aufstellen.
der Wortregister soll sich hier mich Ortsgegenden des

(d)

(e)

(f)

(g)

(h)

Den [...] Lücke i. [...] [...].

(i) Über die [...] u. [...] v. [...], [...] und Berendts wird noch verhandelt.

(k) Dr. Schmidt berichtet über das, was für die [...] [...] ([...]) u. [...] nach d. [...] geschehen ist + noch geschehen wird.

(l) Der [...] teilt mit, daß d. [...] sich [...] den [...] gemacht hat, daß d. Preußen erklärt, es [...] die [...] [...] für den [...]-[...] der Orig. noch nicht [...], und daß [...] [...] [...] die Arbeit an den [...] noch [...] muß.

(m) Über die [...] u. [...] W. wird noch verhandelt, da diese Aufgabe eine [...] hat.

(6) Der Bericht des [...] [...] wird verlesen + gibt zu [...] keinen Anlaß.

[...] dann nicht vor.

Harnack

## I [...]
([...] aller Mitglieder).

(1) Das Protokoll wird verlesen + genehmigt.
(2) Der [...] wird vorgelegt.

| | | |
|---|---|---|
| [...] | 83 91 M. | 60 Pf. |
| [...] | 26 51 " | 95 " |
| [...] [...] | 5940 M. | 45 Pf. |

62

(3) J. Holl wird zur Revision bestimmt.

(4) [...] sollen v. Curatorium wiederum 4000 M. erbeten werden.

(5) [...]

(ist sämtlichen Schriften angegeben werden u. lässt

wird bezeichnet, sähe die Schriftstellern in kürzer
Hinweis auf die beste Ausgabe wäre, so die beste Schrift
nicht fehlt. Über die zu gebrauchenden Abkürzungen,
die großen Varianten + Artikeln betrachtet, sollen die
beiden Hauptschriftsteller ... für strenge Einheitlichkeit
Sorge tragen; sonst aber sollen sie sich von der sächsischen
allgemeinen Abkürzungen hüten. die großen Artikel
... mit individueller Freiheit u. s. Formzögen zu
behandeln, ist ökonomisch u. wird die Einheitlichkeit
der Herausgegeben nicht hindern, so für die kleinen
u. mittleren Artikel sind übersichtlich werden.
Weiteres kann ich nur. Harnack

15) 15. Sitzg am 29. März 1911

Mtk V V. Com.

Anwesend alle Mitglieder außer d. Herrschaft.
Holl + Zürcher. Anwesend Prof. d. Schmidt

1) Das Protokoll wird verlesen u. genehmigt
2) Der Kassenbericht wird vorgelegt.

$\qquad$ Einn. 10589 M. 62 Pf.
$\qquad$ Ausgaben 3927 M. 86 Pf.

Neuer Bestand: 6661 M. 76 Pf.

Zur Revision des Kassenbuchs wird J. Holl bestellt.

Es sollen vom Künstler 4000 M. erhoben werden.

Der Geschäftsführer berichtet über die Arbeit des Jahres u.

N Mitgliederzahlen i ... besprochen wird

Kötschau [durchgestrichen] ... Tage abgehalten.

Violet (soll wieder angeschrieben werden, den 2. Band zu liefern),

Karst (soll ... einem Nach der Schneider
z. ersten Buch die Schrift machen mit Bilder-
angaben),

Heckel,

Hahn (es soll in 2 Bänden herausgegeben u. die Kosten
... machen),

Frau v. Heckel - Mohrwerk soll das ...
erhalten,

16)   16. Sitzung am 27. April 1912

Anwesend: alle Mitglieder u. Prof. Schmidt

(1) Das Protokoll wird verlesen u. genehmigt.

(2) Der Kassenbericht wird vorgelegt:

Einnahmen 10661 M. 76 Pf.

Ausgaben 2693 + 75

Bestand: 7968 M. 1 Pf.

70

Zum Abschluss sind i. Ausschuss gewesen
(1) Jahn, Schmidt, dessen Brief verlesen wird.
(2) Violet, Esra Ld. 2.
(3) Tammtier, Sderat. + Sozow.

In voller Vorbereitung sind:
(1) Holl, Epist.
(2) Wendler, Koppel.
(3) Fischer, Trennsdl.

Die Bezü nicht ab, weil von Koppelzeit auf erst. Holt ist, wird lang mit Absolut sprechen. Die Unruhe legt Gewicht darauf, daß er die Aufgabe vollendet.
Die Schmidt, welche Bauer macht, umbezogen soll Bauer über den Stand seiner Arbeit befragt werden.
Martin wird ermahnt über die Frage nach ausstehenden Stücke:
(1) Praeparatio: Willamowitz soll d. Schwartz vorschreiben, daß er einen Teil der Ergänzung, Teil d. Ergebn. bald bringe, die besonders [redacted]

(2) *[...]* soll einstimmig *[...]*
werden, *[...]* ich jetzt über die Sache
stellen zu lassen, *[...]* die *[...]* ist
*[...]*

(3) Organum Graecus: *[...]*
*[...]* f. *[...]*

(4) *[...]* – Organ lat.

(5) Euschinus: *[...]* soll bei Prof. *[...]*
*[...]* werden, *[...]*

(6) *[...]*, *[...]*: *[...]*!

(7) *[...]*: *[...]* der *[...]*
*[...]* und ein *[...]* des *[...]*
Dekans *[...]*, der die *[...]* *[...]*.

(8) Theophilus will *[...]* i. S. *[...]* u.
*[...]* *[...]* machen
*[...]* *[...]* teilt mit, *[...]* die *[...]*
*[...]* 71000 M. gekostet, *[...]* *[...]*
*[...]* 4000 *[...]* *[...]*. Die *[...]*
beträg 80000 M.

(9) *[...]* soll *[...]* werden *[...]* f. *[...]*
1. Teil *[...]* *[...]* zu *[...]*, die *[...]*
*[...]* werden soll.

(10) Der Jahresbericht der Waff. [...] wird vorlesen u. gab kein Anlaß zu Bemerkungen.

[Signatur]

_Protogogogoßtoi._

Protokoll [...]

Einnahmen: 10251 M. 80 Pf.
Ausgaben: 3003 M. 90 Pf.
7247 M. 90 Pf.

[...]

(11) Eckhart

(12)

Harnack

1*)  <u>Sitzung am 26. April 1913</u>

XXV.

Anwesend: alle Mitglieder + Prof. Schmidt.

(1) Das Protokoll wird verlesen und
genehmigt.

(2) Der Kassenbericht wird vorgelegt

Übertrag: ~~XXXXXXX~~

11 968 M. 17 ₰.

Ausgaben    3521        10

Rest:  84 446 M.   91 ₰.

Zur Revision wird Hr. Holl bestimmt.
(Es sollen wieder 4000 M. u. die
Zinsen erhoben werden.

Die Commission billigte es, daß die Geschäftsführer noch
Anfangs des Sekretärs der Akademie keine besonderen
Räume für die Commission im neuen Akad.-Gebäude
angemeldet hat.

Der Geschäftsführer soll auch die Mitteilung, daß Hr. Wendland
ein Corpus fragen. ... für ... vorzu-gestellt.
... (Otto) ... habe, mit diesem in ...
..., da die Commission auf ... möglichst ..., die ...
Corpus ... zu ...

H.

einen mit Beifall gelegt, weitere Mitteilungen statt
Kenntnis zu erwarten. Elkhad's Briefe kamen erst
zur Verlesung; die Kommission wartet ab.
Eine Reise nach dem Orient wird für das Frühjahr
ins Auge gefasst. Wo möglich soll Hr. Prof. Schmidt
in Aegypten einen Aufträgen reisen.

Die Berufung des ordentl. Beamten wird vorlegen
und hat zu Bemerkungen keinen Anlass.

$$Harnack$$

Photographie
Anwesend alle Mitglieder + Hr. Seeck.
Das Protokoll wird verlesen + genehmigt.
Der Kassenbericht wird vorgelegt.

Einnahme: 11247 M. 90 Pf.
Ausgabe: 2615 " 25
_____
Rest    8632 M. 65 Pf.

Zur Revision wird Hr. Holl bestimmt.
Die Hrn. Jülicher + Seeck berichten über den Fortgang
ihrer Arbeiten, der erstere speciell über einige
Schwierigkeiten die sich auf die Ablösung des Acta SS.
beziehen. Ein längerer Abschnitt erhält sich über
das Registerwerk, welches Hr. Seeck glaubt. Die
Commission hält es für angezeigt, dass Abschnitten

als Vorarbeit für d. [...] lediglich
zunächst wird u. [...], als Vorläufer [...]
erscheint — also nicht in [...] Vorlage wie [...].
Dieses soll zunächst mit Herrn Hinrichs [...]
werden.

*Harnack*

18.) Sitzg am 25. April 1914.

Anwesend: alle Mitglieder außer
d. Jülicher. // D. Carl Schmidt ist
auch [...] Wien[...]

1) Das Protokoll wird gelesen und
[...].

2) Der [...]bericht wird vorgelegt:

|  |  |  |
|---|---|---|
| Übertrag | 8446 M. | 91 ₰. |
| Maria [...] 1913 | 4000 M. |  |
|  | 12446 M. | 91 ₰. |
| Ausgaben: | 6970 - | 52 |
| Übertrag | 5476 M. | 39 ₰. |

[...] sollen diesmal 4000 + 2000 M.
(die Wien-Reise wegen [...])
Zur [...] wird d. Holl [...]

(1) [...] Stelle des [...] Berichts [...] [...] Wiss. [...] gab [...] [...] eine Übersicht über das, was i. S. J. 1913/14 publiziert u. gearbeitet worden ist u. über die Arbeiten des [...]. Diese [...] gab zu Bemerkungen [...] Anlaß.

(2) Die [...] berichten, daß Bonwetsch, [...], Wendland, [...], [...], Holl, [...] im [...] [...] u. [...] [...] i. [...].

(3) Der [...] v. [...] Bericht wird von Violet nach [...] dieser [...] [...].

(4) Prof. Holl, der [...] [...] die [...] [...] des [...] [...] bedarf, soll um [...] [...], wobei man [...] [...] [...] wird, [...] [...] der [...] ist.

(5) An Prof. Wendland soll wegen [...] [...] [...] [...] [...] [...] [...] werden.

(6) Eine [...] Debatte [...] [...] [...] d. Holls [...], ob d. [...] des [...] von der Kommission [...] werden sollte. Die Kommission bleibt bei den [...] [...], [...] die [...] [...] [...]. Wohl aber [...] man [...] [...], daß [...] die Kommission eine [...] [...] u. [...]. Die [...] [...] [...] werden sollte, [...] [...] die [...] die [...] [...] [...].

(7) Man [...] [...] Beschluß eine [...] [...] des [...] [...] da [...] [...] [...] [...] [...] [...] [...] [...] [...] [...].

(8) Eine [...] [...] v. Wilamowitz [...] [...] über die [...] des [...] ([...]) [...]. Man [...] [...], daß die Kommission [...] [...] [...], aber [...] [...] [...] [...], die [...] [...] [...] [...] die [...] zu bitten, [...] nach dem [...] des Hrn. von Wilamowitz die Angelegenheit [...] sei.

(9) v. Dobschütz teilt mit, daß er für die Apocrypha Ropes in Harvard gewonnen habe. Der wiss. Nachlaß v. Bernards-Dorpat ist noch immer nicht zugänglich. ?

(10) Stählin teilt mit, daß er jetzt an den Satz gehe, bevor er die Übersetzg der Stroms. unternehme. Es soll nachgefragt werden, eine Ed. Dz. Karte an Hrn. Diels zu senden.

(11) Von Mras-Wien liegt noch keine detaillierte Äußerung in Bezug auf die Vorbereitung der Praepar. vor. Mit E. Schwartz hat er persönlich Rücksprache genommen.

(12) Das empfohl. Buch von D. Eßer über die Ausgabe seiner überlief. geschichtl. Publikation zu den Schriften bezeugten kann nicht z. Verlesung, soll aber bei D. Holl, D. Diels + D. Loofs zirkulieren.

(13) Der Vorschlag v. Bickhard einen photographischen Apparat betreff. soll so beschieden werden, daß d. Schriftführer sich zunächst bemühen soll, die Mss. nach Berlin z. bekommen oder dort photographieren.

---

## Prosopographie.

Anwesend: alle außer Jülicher + Harnack. Auch Dr. Schmidt fehlt.

Die Kassenrechnung wird vorgetragen.

| | | |
|---|---|---|
| Übertrag | 8632 M. | 65 |
| Bewilligung 1913 | 4000 | |
| | 12632 | 65 |
| Ausgaben | 3729 | 30 |
| | 8903 | 35 |

Die Kasse soll D. Holl revidieren.

5000 sind v. der Kommission (wegen der 1000 M. f. d. Firmi. Reise) zu erhalten.

Da die beiden Geschäftsleitenden nicht unterschiedlich waren,
mußten sie die Landwirtschaft beschränken ihre Vorräte
... dürftig zu nehmen. Mit Freude sucht sie, seit der Züchter
seit J. 1918 als Stelle der Vollmacht s. Mb. ins Reiche gestellt u.
... ein bedeutend Anzahl v. Artikeln zur Ausgabe ...
der 6. Stelle ... gemacht hat. In Ansehung der Vorräte
der Herren die Seele sollte ... ein Schreiben
... gerichtet werden mit dem Ersuchen, sich darüber
... zu wollen, ob er nicht mit der Herstellung ... 
Artikel aus d. Züchter-Register wolle, da zu diese bereits neuen
... der Vollmacht der Mb. ins Reiche gestellt hat, oder — falls
er das jetzt noch ... sollte ... die Dauer seiner
Arbeiten einer ... 1-2 jährige Pause anzulegen.

---

NB: 1915 hat der ... mit ... Ausgaben
mündl. schriftlich erteilt.

Er hat heut Nachtr. nachzuweisen
als Bestand für die neue Nachtr.;
für die KVV.     1657 M. 70 (5500:S. Luft)
für die Pachtpacht 10505 „     45   = 7157,70

NB: 1916 *sind die Sitzgn. nicht ordnungs-*
*mäßig abgehalten.*

*Es sind seit Mai*[...] *nachzuweisen für 1. und 2. Rechg.:*
*für die Kirchen W. 1513,90 bei uns: 6500 Fürstkasse.*
*für die Pastoratgrd. 853 M. 40 Pf. bei uns; 10000 M.*
                              *Fürstkasse.*

19), <u>Sitzung am 14. April 1917. 5½ Uhr</u>
               *(NB: nach der Sitzg über die Pastoratgrd.).*
*Anwesend: alle Mitglieder, außer Hr. Diels u. Voß,*
                      *u. v. Wilamowitz.*

(1) *Das Protokoll wird verlesen u. genehmigt.*
(2) *Der Kassenbericht wird vorgelegt.*
        *Einnahmen: 12013 M. 90 Pf.*
        *Ausgaben:* <u>2305 M.</u>
*Überschuß (in der nächsten Sitzg nachzuweisen): 9708 M. 90 Pf.*
                   [8500 *i. d. Kasse*, 1200 M. *Guthaben*]

*Herr Holl soll die Revision übernehmen.*
(3) *Der Vorsitzende gab einen Bericht über den Stand der Arbeiten:*
    *Näheres kann z. Zt. nicht bekannt werden.*
(4) *Die Nummer der Veröffentlichungen wird vorgelegt u. gab zu*
    *Bemerkungen keinen Anlaß.*
                           *Holtz*

8?

Vorstandssitzung 14. April 1917. 4 Uhr.

Anwesend alle möglichen außer Hr. Diels u. Loofs.

(1). Der Kassenbericht wird vorgelegt:

    Einnahmen : 13853 M. 40 Pf.

    Ausgaben : 2528 M. 25 "

    Überschuß    11325 M. 15 Pf.

         (davon 11000 M. :: J. Leffe ,

             325 M. 15 Pf. bei mir)

Hr. Holl soll die Revision übernehmen.

(2) Hr. Seeck u. der Vorsitzende berichten über die ... Vorarbeit, betreff. den Theodos. Codex, d. über die Anmerkungen, die für den Druck dieser Arbeit ... gefügt haben. Hr. Seeck teilt mit, daß er die ... bei der Metzler'schen Buchh... ... habe u. daß die Drucktaxe ... ... nur 2000 Mark ... die Kommission beschloß, die nächsten Gelder für ... nicht einzuziehen, aber das Honorar in diesem u. den nächsten Jahr um 4000 M. (so wie früher, in den letzten Jahren 3000) zu bieten u. dabei die 2000 M. für den Druck ... ... flüssig zu machen. [Ist bewilligt worden].

(3) Eine längere Verhandlung ... durch die ... Hr. Seeck fortwährend, daß er seine Arbeit für die ... ... abgeschlossen ... — eine längere ... ... seiner ... die Arbeiten zu früh ... — ... ... ... verständigen. Die ... ...

Da er dich benachr[ichtigen] selbst machen wolle.

M.: Die Jahreshälfte April 1918 fiel noch
die Rechnisberechtigung meine Horkstätte[?] erledigt.
Für die diesen Väter-Kasse ergab sich ein
Überschuss von 12784 M. 30 Pf.

> (davon 10500 M. in der Univ.-Kasse,
> 2284 M. bei mir).

(30 Pf.)

Für die Photographien ergab sich ein
Überschuss von 12810 M. 80 Pf.

> (davon 13000 M. i. d. Univ. Kasse,
> nicht schuldet mir die Kasse
> 189 M. 20 Pf.).

→ sollte Ernst Leisn[?] Rechschl[?] v. 24. 5. 18,
 zwischen 12500 M. i. d. Univ. Kasse
 284 M. bei mir

1918. 1919. 1920
(fielen d. Kassen aus!)

20) Sitzg am 15. 10. 21. 4 Uhr

Anwesend: S. Vorsitzende, v. Wilamowitz, Dielß (sält fergeladen), Holl
Norden, Lools, Jülicher u. S. Wißgeschäfts. Mitglied Schmidt

## I. Lexikon

(1) Die Kassenbericht wird entgegengenommen.

33.387 M. Überschuß u. 5000 M. Bewilligung
für 1921/22.

(2) Es wird beschlossen, daß während der uns der Vorstand nötig.
Saalt hält, Exzephen. II. BS. im Saal hält, daß von II begießen
falls, da des Ms. abgeschlossen sei.

(3) Es wird über den Fortgng des Unternehmens gesprochen. Die
Zeiten wurden noch mehr als 2 Bände jährlich erscheinen
zu lassen. Über Traumich (Fischer) soll folründig eingegogen
werden. Es schien, daß sich des Ms. dem Abschluß nähert. Für
die Elemendinan soll Bösstadt gewonnen werden; die Liesh... die
Reiche Folge. Das Orig.: Matl. zurück schalten, sollen nötige
Nachsicht gemacht werden, wenn des Abfs Ms. will He. von
Wilamowitz nach Griechenland schicken.

(4) Der Violet schilt fün Reich nach Göthe (wegen Eine) echt

(5) Obefund hat angekündigt, daß nunmehr fün Martyrium
u. Begiegngsen u. 2 BB u. s. "Akt u. Amth." erscheinen
sollen; des Ms. sei beendigt.

(6) Bei Achelis soll wegen des Druckes seiner Hippolytea (c. Noët. etc.) angefragt werden; c. Noët. könnte mit Syrischem revidirt werden.

(7) Hr. Diels will das Ms. der Bauer'schen Hippolyt-Chronik ansehen, ob sich hier eine andere Veröffentlichungsform als die Drucklegung empfehle.

## II. Prosopographie

(1) Kassenbericht.

28,071 M. Überhang u. 5000 M Bewilligung für 1921/22.

(2) Hr. Schmidt berichtet, daß er den Seeck'schen Nachlaß in Bezug auf die Prosopographie aus Münster abgeholt u. nach der Akademie gebracht hat. Der Nachlaß soll Herrn Jülicher zur Durchsicht u. Benutzung übergeben werden; aber es läßt sich schon jetzt sagen, daß der Nachlaß, da er nur Rohmaterial u. dazu nur partikuläres enthält, durchaus nicht ausreicht, um auf ihn eine prosopographia saecularis zu begründen.

Unter solchen Umständen möchte ich beantragen, die Beschlüsse fassen, daß die prosopographia saecularis fallen zu lassen sei (das Material soll später, nachdem d. Hr. Zielstor benützt hat, i. s. Akademie wiederholt werden), und daß die Vorarbeiten der prosopgr. ecclesiar. aber fortgesetzt und v. Hr. Zielstor mit der saecularis ... fungieren soll als ihre vorstand. ...

(3) Die Remuneration des Hr. Zielstor wird mit 3000 M. festgestellt; sagt mir ihm ein ... ..., ... ... ..., ... soll mit ihrem Mehrbetrag ... ... der ... ... Zielstor in Vorschlag gebracht werden (ein ... für seine Akad. Arbeit).

r. Hir...

21.) Sitzg vom 23. 4. 23.

Anwesend: v. Wilamowitz, Noll, Norden, Jellinek,
v. Harnack, Schmid (zeitweilig Loofs)

(1) Es wird d. Protokoll vorgelesen u. genehmigt.

(2) Hr. Schmidt legt den differenzierten über die Lautung
vor. Er schlägt für die KKVV Texte mit einem
vorgedruckten engeren Plan, für die Frühgeschichte mit c. 3000
Mark. Die Bücher wird genehmigt u. soll von den Werten.

Heftig mitgegeben werden.

(3) Hr. Schmidt legt ein Bericht über sein Tätigkeit
im abgelaufenen Jahr vor. Der Bericht wird ohne
Debatte genehmigt.

(4) Es werden die in der Arbeit befindlichen weiteren
Bände der Ausgabe einzeln besprochen:

(a) Band ist im Druck; die großen Listen (Kronaktücs)
der Sprache werden aufgeteilt. Ein gewisser
Abschnitt wird mit ein Schweizische Sprache zu
ziehen.

(b) Spalten 31 III soll i. J. Druck treten. Die
der Indizes für u. in anderen Fällen nunmehr
ein sich ergebende Debatte. Es wird beschlossen,
die Indizes auf das Notwendigste einzuschränken,
aber in den Fällen "Ergebnismitl" soll Hr. Noll
auf Grund der Indices stücklichen Vollendung
sein Hand geben, die Indizes, wie er sie bereits angelegt
hat, zum Druck zu bringen.

besonders wichtigen

(c) Clemens Alex.: Die Fortsetzung des / Drucks steht in Aussicht. Hrn. Stählin soll geschrieben werden, daß er die Register, für welche Vorarbeiten existieren (Dichter, Vorsokratiker), nicht aufnehmen soll u. daß er den Index rerum (Hrn. v. Wilamowitz) einschicken soll.

(d) Bährends hat einen weiteren Orig.-lat.-Band fertig; aber er kann noch nicht gedruckt werden.

(e) Irenäus – Wichmann ist nicht bekannt; aber er scheint sich der Vollendung zu nähern (Fricke – Diehl).

(f) Hippolyt: mit Achelis soll wegen des Rests, der Proleg. u. Indices mündlich verhandelt werden. Die Chronik soll noch weiter ruhen, bis Hr. Helm seinen Euseb.-Hieron. fertig hat; dann soll mit ihm verhandelt werden, ob er die Chronik zu selbständiger Bearbeitung zu übernehmen sich entschließt.

(g) Die Prosper. muß ruhen, da wir die nötigen Mittel z. Z. nicht zu beschaffen vermögen.

(h) Mit dem v. Prof. Löfstedt empfohlenen Privatdozenten Svenning-Upsala soll des ✝ Commodian wegen verhandelt werden. Jedenfalls sind Garantien aufzunehmen. Firmic.

(i) In Bezug auf die Hagiographen Ehrhardts hat kein Beschluß, der abschließend ist, in Bezug auf d. Apostelgeschichte v. Dobschütz.

Akten-Notiz 20. Febr. 1928.

In den JJ. 1924–1927 ist keine Sitzung gehalten worden, weil der durch die Inflation herbeigeführte Bankerott der Wentzel-Heckmann-Stiftung die Vernichtung aller finanziellen Mittel bewirkt hat. So konnten nur die begonnenen Arbeiten fortgesetzt werden, unterstützt durch kleine ~~Mittel, welche~~ die Akademie zugewiesen, u. durch die Notgemeinschaft ~~[illegible]~~ über die ~~[illegible]~~ Fortschritte der Aufgabe ist in den „Berichten" der Akademie Jahr und Jahr Mitteilung gemacht worden. Erschienen sind bisher 36 Bde, zuletzt 1924–1926 3 Bde (Violet, Esra + Baruch, Baehrens, Orig. Bd. VIII, Holl, [illegible]). Die 3. Reihe der „Texte u. Unters." ist zu Ende geführt worden (Bd. 1–45). Im Druck befindet sich Bauer, Chronik des Hippolyt, besorgt v. Helm u. ~~[illegible]~~ die beiden ersten Hefte der neuen Reihe „Texte u. Unters." (Schmidt, [illegible] über die [illegible] + [illegible], [illegible] der LXX [illegible]).

In der Festsitzung vom 27. 1. 27 habe ich einen ausführlichen Bericht über die KKV-Ausgabe (Sitzungsber. 1927 S. XXVI–XXX) u. dort über den [seit 1916 – 1926] [illegible] Verlauf berichtet, den [illegible] dieser [illegible] durch den

94

[...] u. [...] [...] [...] erlitten hat.

Im [Verhältnis] befindet [sich] zur Zeit:

1)        [...] - Fischer
2)   z. W. [...] — Holtz u. [...]
3)        [...], [...] — Moos
4)   4 [...] — [...]
5)   Off. [Original] — [...] + [...] [...]
     Lit. 9 ff.
6)   [...] — [...]
7)   [...] [...] — [...].

[...] [...] nicht / zur Zeit.

[...] [Mitglieder] [...] [...] [...]
[...] J. 1926 [...], [...] [...] + [...].

v. Harnack

22) Sitzung am 24. Feb. 28, 6 Uhr

Anwesend [...] Mitglieder: v. Wilamowitz, Norden,
Lietzmann, Jäger, Klostermann, v. Harnack, sowie die
nicht [...] C. Schmidt. [...] Jülicher.

1) Es wird das Protokoll der vorigen Sitzung u. die
Aktennotizen verlesen u. genehmigt.

2) Es wird der verstorbenen Mitglieder Holl u. Loofs
gedacht u. ein Schreiben an Hr. Jülicher gerichtet.

3) Es wird die [...]schrift des Herrn. Schmidt über
[...] verlesen [...]

4) Nach einer eingehenden Debatte beschließt die Commission
[...]

[...] von 3000 M. [...]

[...] 4-5000 M.
[...] 3-4000 M für die [...]

[...] 8) [...] für 1929 [...]

5) [...]

6) [...]

# Editorische Vorbemerkung

1. Harnacks Protokollbuch wird nachfolgend diplomatisch ediert. Orthographie und Zeichensetzung sind nicht den heutigen Konventionen angepaßt, Inkonsistenzen in der Schreibweise einzelner Wörter (z. B.: Catenen, Commission und Photographieen neben Katenen, Kommission und Photographien) nicht beseitigt. Offenkundige kleinere Versehen wurden stillschweigend verbessert. Fehlerhaft geschriebene Eigennamen sind jedoch nicht korrigiert. Aufgelöst werden die von Harnack verwendeten speziellen Abkürzungszeichen (z. B. ψ = pseudo/Psalm, η = als, m8 = macht) sowie die Kürzungsstriche bei Konsonantendoppelungen und bei den Endungen auf -ung resp. -ungen. Weitere von Harnack benutzte Kürzel sind nachfolgend aufgelistet und erklärt.

2. Ergänzungen resp. Veränderungen durch den Herausgeber werden grundsätzlich in eckigen Klammern: [] durch *kursive Schrift* gekennzeichnet.

3. Streichungen sind nur dann aufgenommen, wenn sie von inhaltlicher Bedeutung sind. Sie werden in einer Fußnote ausgewiesen.

4. Spätere Ergänzungen und Nachträge, die Harnack mit bestimmten Einführungszeichen (z. B. x und ⸁) versehen hat, werden in eckigen Klammern mit dem Hinweis *Nachtrag* kenntlich gemacht.

5. Die nachträglich vorgenommene durchgehende Zählung der einzelnen Sitzungen und vereinzelte Anstreichungen am Rande sind nicht verzeichnet. Zwischen schwarzen und – wahrscheinlich später gesetzten – roten Markierungen (Unterstreichungen) wird nicht differenziert.

6. Besonders sei darauf hingewiesen, daß Harnack bis einschließlich Blatt 8 das Protokollbuch foliiert; hier wird gegebenenfalls in recto und verso differenziert. Ab Blatt 9 hat er das Heft paginiert.

Häufig benutzte Abkürzungen

Nicht verzeichnet sind die Kürzel für Anreden und akademische Grade sowie die Abkürzungen für antike, insbesondere patristische Autoren und ihre Werke. Sie entsprechen gängigen Regeln.

| | |
|---|---|
| + | und |
| Acta SS. | Acta Sanctorum |
| akad. | akademisch |
| alex. | alexandrinisch |
| allg. | allgemein |
| Apost. VV | Apostolische Väter |
| arm./armen. | armenisch |
| | Armeniacus/a/um |
| BB | Bände |
| Bd. | Band |
| Bdd. | Bände |
| bes. | besondere/besonders |
| betreff. | betreffend |
| bez. | beziehungsweise |
| C.I.L. | Corpus Inscriptionum Latinarum |
| Cod. | Codex |
| Codd. | Codices |
| Collat. | Collationen |
| Commiss. | Commission |
| d. | der/die/das usw. |
| desgl. | desgleichen |
| event. | eventuell |
| excl. | exclusiv |
| Exeg./Exeget. | Exegetica |
| f. | für |
| ff. | folgende |
| gesch. | geschichtlich |
| gnost. | gnostisch |
| Graec. | Graecus/a/um |
| griech. | griechisch |
| H. | Heft |
| Hdschr. | Handschrift |
| HH | Herren |
| hist. | historisch |
| i. | in/im |
| incl. | inclusiv |

| | |
|---|---|
| J. | Jahr |
| Jahrh. | Jahrhundert |
| Jh. | Jahrhundert |
| JJ. | Jahre |
| Kgesch. | Kirchengeschichte |
| KO | Kirchenordnung |
| KKOO/KOO | Kirchenordnungen |
| kopt. | koptisch |
| Kommiss. | Kommission |
| konstant. | konstantinisch |
| KKVV | Kirchenväter |
| KVV | Kirchenväter |
| Lat. | lateinisch |
| | Latinus/a/um |
| Lit./Litt. | Literatur/Litteratur |
| M. | Mark |
| Ms. | Manuskript |
| Mss. | Manuskripte |
| NB | nota bene |
| Opp. | Opera |
| Pf. | Pfennig |
| prof. | profan |
| Prolegg. | Prolegomena |
| s. | sein/e/r usw. |
| | siehe |
| schriftstell. | schriftstellerisch |
| s.o. | siehe oben |
| spec. | speciell |
| s.u. | siehe unten |
| syr. | syrisch |
| | Syriacus/a/um |
| u. | und |
| Unt. | Untersuchung[en] |
| Unters. | Untersuchung[en] |
| v. | von |
| wiss./wissensch. | wissenschaftlich |
| z. | zu/zum/zur |
| Zuk. | Zukunft |
| zus. | zusammen |
| Zus.hang | Zusammenhang |
| z. Z. | zur Zeit |

# Harnacks Protokollbuch*

Sign.: Bestand der Kirchenväter-Kommission Nr. 1

**p. 1**

### Kirchenväter-Comission.

Seit 1891 besteht das Unternehmen; 1893 erschien die „Überlieferung u. der Bestand der Altchristl. Lit."[1] 1891-1896 hatte das Unternehmen Mittel v. d. Akademie; 1893-1896 wurde der I. Bd.
(Achelis – Bonwetsch) ausgearbeitet[2]; 1896 übernahm die Wentzel-
Stiftung die Sache + sie war nun dauernd fundirt!

NB: Alle Acten, Rechnungen, Correspondenz, Beschlüsse der Com-
mission liegen in dem Repositorium in meinem Zimmer neben dem
Ofen, alphabetisch geordnet. In dem Fache „Q" liegen die laufenden
Rechnungen, in den Fächern „W" u. „Z" die Rechnungsabschlüsse
sammt den Dechargen, die Beschlüsse u. die Contracte mit der
Wentzel-Stiftung u. der Hinrichs'schen Buchhandlung, sowie die
Correspondenz mit der Wenzelstiftung [sic].

Auf demselben Repositorium <u>oben</u> stehen die der Commission
gehörigen Bände der KirchenVäter-Ausgabe u. in einem Blechkasten
die der Commission gehörigen Collationen. – Das Photogramm des
Etschmiadziner Codex befindet sich bei Hrn. Marquardt – Tübin-

---

*    Diplomatische Umschrift von Stefan Rebenich, kommentierende Fußnoten
     von Christoph Markschies und Stefan Rebenich.
1    A. Harnack, Geschichte der Altchristlichen Litteratur bis Eusebius: 1. Tl. Die
     Überlieferung und der Bestand der Altchristlichen Litteratur bis Eusebius,
     bearb. unter Mitwirkung von E. Preuschen, Leipzig 1893; 2. Tl. Die Chro-
     nologie, 1. Bd. Die Chronologie der Litteratur bis Irenäus nebst einleitenden
     Untersuchungen, Leipzig 1897; 2. Bd. Die Chronologie der Litteratur von
     Irenaeus bis Eusebius, Leipzig 1904.
2    GCS Hippolytus I, Leipzig 1897 (mit einem knappen Vorwort zur Gesamt-
     planung der Ausgabe: Die GCS „sollen in etwa 50 Bänden zu 30-40 Bogen
     in zwangloser Folge erscheinen; die Commission wird sich bemühen, das
     Unternehmen so zu fördern, dass die Ausgabe in etwa 20 Jahren vollendet
     ist" [unpaginiertes Blatt vor dem Innentitel]). – Für die übrigen hier erwähn-
     ten Bände der Reihe vgl. die beigefügte Liste der Editionen der GCS.

gen[3]. – Die unter Leitung des Hrn. Mommsen angefertigten Hiero-
nymus-Chronik-Probecollat.-Exemplare befinden sich unten auf
meinem großen Bücherbrett.

**p. 2** Seit dem Frühjahr 1897 besteht die Commission aus den Hrn.
Mommsen, Diels, v. Wilamowitz, Harnack, v. Gebhardt u. Loofs.
Seit 25. März 1897 besteht der Contract mit der Wentzel-Heck-
mann Stiftung u. eben so lange der definitive (2.) Contract mit der
Hinrichs'schen Buchhandlung. Beide befinden sich in den Fächern
„W" „Z" (s.o.).

Die Commission erhält von der KVV-Ausgabe 10 Freiexemplare,
ungebunden. Die Vertheilung ist folgende:
6 die Commiss.-Mitglieder.
1 die Wentzel Stiftung
1 Frau Wentzel
1 Akademie
1 die Commission selbst (s.o.).
<u>1 S. Majestät</u>
11 Exemplare; also muß stets 1 zugekauft werden; von Bd. I ist noch
ein zweites zugekauft worden für das Ministerium. Soll das auch in
Bezug auf die ff-Bände geschehen?

Laut eines Beschlusses der Commission werden von den „Texten u.
Unters.", die als „Archiv" der Commission erscheinen, stets 4 Exemplare f. die 4 Mitglieder der Commission, die nicht Redacteure sind,
angekauft.

**p. 3** Seitdem die Commission in volle Activität gesetzt worden ist,
d.h. seit der Verbindung mit der Wenzel-Stiftung [*sic*] hat sie von
dieser erhalten[4]:
pro 1896/7 ............... 10000 Mark.
pro 1897/8 ................ 5000 Mark
pro 1898/9 ................ 6000 Mark
pro 1899/1900 ........... 5000 Mark
pro 1900/1901        5000 Mark

---

3    Die photographierten Blätter befinden sich heute im Handschriftenarchiv
     der Arbeitsstelle „Griechische Christliche Schriftsteller" der Berlin-Branden-
     burgischen Akademie der Wissenschaften; zur Handschrift selbst vgl. die
     knappe Charakterisierung in der Edition von J. Karst, GCS Eusebius V,
     Leipzig 1911, XI-XIII und zu den Photogrammen Rebenich, Theodor Momm-
     sen und Adolf Harnack, 190.
4    Nachträglich umgestellt durch die Ziffern „1" und „2" über den Wörtern.
     Ursprünglich hatte Harnack geschrieben: „erhalten von dieser".

| | | | |
|---|---|---|---|
| pro 1901/1902 | 5000 M. | | |
| pro 1902/1903 | 4000 M. | | |
| pro 1903/1904 | 4000 M. | | |
| | 44000 M. | | |
| pro 1904/5 | 4000 | 1907/8 | 4000 |
| pro 1905/6 | 4000 | 1908/9 | 4000 |
| pro 1906/7 | 3000 | 1909/10 | 4000 |
| | 55000 | 1910/11 | 4000 |
| | | | 71000 M. |

Der Voranschlag [*Nachtrag*: Er befindet sich im Repositorium, Fächer „W" „Z".] war c. 80000 Mark.

Zu den fest bestimmten Ausgaben gehören z. Z. nur 500 Mark f. d. geschäftsführende Mitglied u. die Zusicherung, zum Honorar der Mitarbeiter 5 Mark per Bogen hinzuzulegen.

**p. 4** Über die Reisen, welche die Mitarbeiter im Auftrage der Commission gemacht haben, geben theils die Jahresberichte der Commission, die in den Sitzungsberichten der Akademie erschienen, theils die Berichte des Geschäftsführers an die Commission, theils die Berichte der reisenden Gelehrten Aufschluß. Die beiden letzteren befinden sich in den Fächern des Repositoriums.

**p. 5 recto** 1. Sitzung der Commission am 20. März 1897. (anwesend alle Mitglieder. NB: v. Wilamowitz gehörte der Commission noch nicht an.)

Beschlüsse:

1) In Bezug auf die Titel der Ausgabe. (s. d. Ausführung).

2) Billigung der Contracte.

3) Festsetzung der Vertheilung der Freiexemplare (NB: sie sollen gebunden geliefert werden, den Einband hat d. Commission z. bezahlen). Nothwendigkeit eines (bez. 2 – so lautete der Beschluß) hinzuzukaufen (s.o.).

4) Urbain wurde auf die Zeit bis zu 2 Jahren f. Vorarbeiten zu den Martyrien angestellt[5].

5) C. Schmidt wurde s. koptische Abschrift f. 700 Mark abgekauft. Er verpflichtete sich dafür, bis 1. April 1898 bez. 1899 das druckfertige Ms. von 2 koptisch-gnostischen Bänden zu liefern.

---

5  Zu August Urbain vgl. F. Winkelmann, Albert Ehrhard und die Erforschung der griechisch-byzantinischen Hagiographie. Dargestellt an Hand des Briefwechsels mit Adolf von Harnack, Carl Schmidt, Hans Lietzmann, Walther Eltester und Peter Heseler (TU 111), Berlin 1971, 7-10.

6) Der Austritt Holl's als Hülfsarbeiter wurde entgegengenommen.
7) Beschlossen: die orientalischen Versionen nicht in der Ausgabe
selbst, aber thunlichst in den „Texten u. Unters." zu drucken. Bei
Eusebius' Chronik muß auch das Armenische gedruckt werden.
8) Beschlossen: Syncellus nicht zu drucken, da Gelzer ihn bei Teubner
neu herausgiebt[6].
9) Beschlossen: Epiphanius vollständig i. d. Sammlung aufzunehmen. Wegen „de mensuris et pond." Nachforschungen i. Lagarde's
Nachlaß u. bei Pernice inne [?] zu halten [Nachtrag: (Holl)][7].
**p. 5 verso** 10) Beschlossen: Die Martyrien im Zusammenhang mit
der hagiograph. Litteratur – ohne strenge Einhaltung der voreuseb.
Zeit – in Angriff zu nehmen u. dieser Erweiterung des Plans wegen
an die Akademie zu gehen. [NB: Ist geschehen; die Akademie geneh-
migte die Erweiterung.[8]
11)[9] Beschlossen: die indirecte Überlieferung nach Abschluß der
Sacra Parallela[10] zunächst nicht ex professo weiter aufarbeiten zu
lassen.
A. Harnack.

**p. 6 recto.** 2. Sitzung der Commission v. 12. Febr. 1898.
(Anwesend alle Mitglieder außer Dr. v. Gebhardt).

1) Es wurde vom Geschäftsführer Bericht über den Stand der Arbeiten erstattet, speciell über die Erlangung einer Esra-Collation aus
Leon[11] u. über die Photogramme der Chronik des Euseb armeniace.
2) Es wurde vom Geschäftsführer der Stand der Kasse dargelegt.
3) Es wurde beschlossen, daß, wie bisher, der Geschäftsführer das
Recht haben solle, laufende[12] Ausgaben und kleinere Reiseunterstützungen selbständig zu bewilligen.

---

6     Die Ausgabe erschien nicht; vgl. dazu jetzt Gegorii Syncelli Ecloga Chrono-
      graphica, ed. A.A. Mosshammer (BiTeu), Leipzig 1984, VII.
7     P. de Lagarde, Symmicta, Bd. 2, Göttingen 1880, 149-216; E. Pernice, Galeni
      de Ponderibus et Mensuris Testimonia, Bonn 1888 (Diss. phil.); vgl. H.Δ.
      ΜΟΥΤΣΟΥΑΣ, ΤΟ "ΠΕΡΙ ΜΕΤΡΩΝ ΚΑΙ ΣΤΑΘΜΩΝ" ΕΡΓΟΝ ΕΠΙΦΑΝΙΟΥ ΤΟΥ
      ΣΑΛΑΜΙΝΟΣ. ΕΙΣΑΓΩΓΗ ΚΡΙΤΙΚΗ, ΕΚΔΟΣΙΣ, ΣΧΟΛΙΑ, ΑΘΗΝΑΙ 1971, 13-17.
8     Später wurde § 10 gestrichen. Vgl. p. 6 verso, sub 8.
9     Nach Streichung des ursprünglichen § 10 in § 10 verbessert.
10    K. Holl, Die Sacra Parallela des Johannes Damascenus (TU 16/1 = NF 1/
      1), Leipzig 1896; ders., Fragmente vornicänischer Kirchenväter aus den
      Sacra parallela herausgegeben (TU 20/2 = NF 5/2), Leipzig 1899.
11    Zur Beschreibung der Handschrift vgl. GCS Esra-Apokalypse (IV. Esra),
      Leipzig 1910, XXI-XXIV; der Herausgeber, Bruno Violet, schreibt: „Ich
      habe die HS aber nochmals Wort für Wort nachprüfen müssen, im Sommer
      1899".
12    Gestrichen: „kleinere".

4) Die Commission wünschte, daß mit den einzelnen Mitarbeitern schriftliche Contracte geschlossen werden sollen.

5) Es wurde wieder über die orientalischen Texte verhandelt; beschlossen wie im vorigen Jahr (s. dort sub 7).

6) Es wurde beschlossen, daß die Mitarbeiter die bei der Arbeit erwachsenen Materialien, soweit sie auf Kosten der Commission beschafft worden sind, nach Erledigung der Arbeit der Commission einzusenden haben.

7) In Bezug auf die Frage, ob auch Halbbände erscheinen könnten, wurde beschlossen, kein principielles Bedenken dagegen zu erheben u. die Sache dem Verleger zu überlassen (NB: **p. 6 verso** der Verleger ist nicht abgeneigt, Halbbände zu publiciren).

8) Beschlossen, die Martyrien im Zus.hang mit der hagiographischen Litteratur – ohne strenge Einhaltung der Grenze der voreusebianischen Zeit – in Angriff zu nehmen und die Ehrhardschen Arbeiten zu unterstützen, ohne sich jedoch jetzt schon i. Bezug auf die Form und den Umfang der endgültigen Publication zu binden. Für diese Erweiterung des Planes soll die Genehmigung der Akademie eingeholt werden (dies ist geschehen; die Akademie hat sie genehmigt).

9) Auf die von Göttingen aus gestellte Frage, ob wir eine umfassende Catenen-Forschung unternehmen werden, soll geantwortet werden, daß Holl die Arbeit an den SS Parallela unternommen hat u. zu Ende führen wird, daß [13]Klostermann + Mercati tief in Catenen-Forschungen stecken, daß Achelis die Genesis-Catene so durchgearbeitet hat, daß sie fast druckfertig ist –, daß wir aber ex professo eine Durcharbeitung der gesammten Catenen-Überlieferung nicht beabsichtigen[14].

A. Harnack.

**p. 7 recto** 3. Sitzung der Commission v. 15. April 1899.
(Anwesend alle Mitglieder außer Hrn. v. Gebhardt).

1) Das Protokoll der vorigen Sitzung wurde verlesen u. genehmigt.

2) Hr. v. Gebhardt's Prüfung der Rechnungslegung des Geschäftsführers wurde vorgelegt, genehmigt u. dem Geschäftsführer Decharge

---

13 Gestrichen: „unsere Mitarbeiter". – Zur Berliner Haltung, die sich bald veränderte, vgl. J. Dummer, Ulrich von Wilamowitz-Moellendorff und die Kirchenväterkommission der Berliner Akademie, in: J. Irmscher/P. Nagel (Hgg.), Studia Byzantina II, Berlin 1973, (351-387) 366f.

14 Achelis hat die Genesis-Katenen nicht veröffentlicht: Zur Forschungsgeschichte vgl. E. Mühlenberg, Art. Katenen, TRE XVIII, Berlin/New York 1989, (14-21) 16-18.

ertheilt. Er wurde ermächtigt im Auftrage der Commission 5000 M.
pro 1899/1900 bei der Wentzel-Stiftung zu beantragen.
3) Der Geschäftsführer berichtete über den Stand der Arbeiten im
Zus.hang mit seiner Reise zu den Mitarbeitern in Nürnberg, Tübingen, Maulbronn, Heidelberg, Darmstadt, Bonn, Utrecht, Göttingen u.
Jena. Die Vorarbeiten von <u>Gelzer</u> (Africanus), <u>van de Sande</u> (Adamantius), <u>Preuschen</u> (Origenes, Adamant.), <u>Klostermann</u> (Origenes –
Jeremias), Flemming – <u>Radermacher</u> (Henoch), <u>C. Schmidt</u> (Kopt.-
gnost.), <u>Heikel</u> (Euseb. Constantin) sind so weit vorgeschritten, daß
der Druck voraussichtlich noch in diesem Jahr beginnen kann.
  Hr. Marquart soll über die Lieferung des armenischen Textes u.
der deutschen Übersetzung desselben hinaus nicht weiter mit der
Ausgabe der euseb. Chronik beschäftigt werden. Über die Modalitäten der Ausgabe dieser Chronik entspann sich eine Debatte, die
indeß nicht zu Ende geführt wurde, da zuerst die Fertigstellung des
Armeniers abzuwarten sei. Über die Inangriffnahme von Collationen
**p. 7 verso** des Hieronymus wurde nichts beschlossen.
  In Bezug auf die Kgesch. des Euseb wurde mitgetheilt, daß Hr.
Nestle bis zum August Hrn. Schwartz die vollständige Übersetzung
des Syrers geliefert haben wird[15]. Was den Rufin betrifft, so waren
alle Mitglieder der Meinung, daß es genüge, wenn Hr. Schwarz [*sic*]
sich die Collationen von 3-5 der wichtigsten Hdschr. verschaffe.
Dagegen waren die Meinungen, ob der Rufin in der Ausgabe zu
drucken sei, getheilt. Hr. Mommsen war dafür, die übrigen Mitglieder hatten Bedenken. Es wurde beschlossen, zunächst Hrn. Schwarz
[*sic*] um seine Meinung zu befragen, u. dann durch Umlauf die Sache
zu entscheiden.
  In Bezug auf die Mittheilung, daß Hr. Stählin mindestens noch 2
Jahre f. Vorarbeiten zu seiner Clemens-Ausgabe nöthig haben werde, wurde beschlossen, ihn nicht zu drängen, ferner ihm die nöthigen
Collationen der Praeparatio des Eusebius zur Verfügung zu stellen.
Es soll an Hrn. Schwartz geschrieben und gefragt werden, ob er
bereit sei, die Collationen möglichst bald besorgen zu lassen.
  In Bezug auf die Heikel'sche Arbeit (Euseb, Constantin) erbot
sich Hr. v. Wilamowitz eine Durchsicht des Ms. vorzunehmen[16].

---

15  Die Kirchengeschichte des Eusebius, aus dem Syrischen übersetzt v. E.
    Nestle (TU 21/2 = NF 6/2), Leipzig 1901.
16  F. Winkelmann, Ivar August Heikels Korrespondenz mit Hermann Diels,
    Adolf Harnack und Ulrich von Wilamowitz-Moellendorf, Klio 67 (1985),
    568-587; ders., Die Textbezeugung der Vita Constantini des Eusebius von
    Caesarea (TU 84), Berlin 1962, 1-7 und ders., Zur Vorgeschichte von I.A.
    Heikels Edition der Vita Constantini, Eirene 4 (1964), 119-122.

In Bezug auf den Africanus (Κεστοί) wurde beschlossen, einen energischen Brief an Hrn. Müller – Jena zu richten, damit er endlich den versprochenen **p. 8 recto** Beitrag liefere. –

Der Beschluß des vorigen Jahres, <u>schriftliche Contracte</u> mit den Mitarbeitern abzuschließen, wurde auf Antrag des Geschäftsführers aufgehoben.

Ferner wurde beschlossen, in Zukunft weder dem Ministerium ein Exemplar der Ausgabe zuzusenden, <u>noch ein besonderes Exemplar zur Verfügung</u> der Commission zu halten. Dieser Beschluß dispensirt die Commission von der Nothwendigkeit, Exemplare zu kaufen (von den 10 Freiexemplaren gehen 6 an die Mitglieder, je eines an Frau Wentzel, an das Curatorium der Wentzel-Stiftung, an die Akademie u. an den König).

Zuletzt kam die abfällige Recension zur Sprache, die Hr. Wendland über Kötschau's Origenes-Ausgabe in den Gött.Gel.Anz.[17] veröffentlichen wird und die in der Correctur den Mitgliedern (außer Hrn. Loofs) bereits vorgelegen hat. Die Hrn. Diels + v. Wilamowitz sprachen sich dahin aus, daß die Recension sachlich wesentlich im Rechte sei, d.h. daß Hr. Koetschau gezeigt habe, daß er das nöthige sprachliche Verständniß für seine Aufgabe nicht besitze. Doch räumte Hr. Diels ein, daß Hr. Wendland die Bedeutung seiner Einwürfe übertrieben habe u. daß doch an nicht wenigen Stellen die Frage controvers sei, wie weit man in grammatisch-stilistischen Correcturen der Überlieferung gegenüber zu gehen habe. Hr. Mommsen betonte, daß von einer Ausgabe, wie der unsrigen, an der so viele Mitarbeiter zu betheiligen seien, abschließende Leistungen, die in jeder Hinsicht befriedigten, nicht zu erwarten seien; **p. 8 verso** es müsse genügen, daß der handschriftl. Befund <u>vollständig</u>, <u>zuverlässig</u> u. <u>übersichtlich</u> in jedem Bande mitgetheilt sei. Dieser Anforderung genügt die Kötschau'sche Ausgabe in so weit, als – auch nach dem Urtheil Wendland's – die Vollständigkeit u. Zuverlässigkeit der Angaben nichts zu wünschen übrig lassen. In Bezug auf die Übersichtlichkeit aber läßt sich nicht dasselbe sagen; Koetschau ist zu umständlich gewesen und hat dadurch die Einsicht in die Hauptpunkte der Überlieferung im Apparat erschwert. Hr. von Wilamowitz räumte ein u. Hr. Diels stimmte ihm bei, daß für hist. u. theologische Zwecke der

---

17 P. Wendland, GGA 1899, 276-304. – Die gesamte Kontroverse Wendland-Koetschau ist bibliographiert und in ihren Hauptzügen zusammengefaßt bei M. Borret, Origène, Contre Celse, Tome I (Livres I et II), Introduction, Texte critique, Traduction et notes (SC 132), Paris 1967, 30-33 und mit Zitaten aus unveröffentlichter Korrespondenz bei Rebenich, Theodor Mommsen und Adolf Harnack, 190-198.

Text, wie ihn Kötschau geliefert, ausreiche; aber sobald man ihn auf die grammatisch-stilistische Sauberkeit prüfe, befriedige er nicht.

Es wurde beschlossen, daß in Zukunft jeder Mitarbeiter vor definitiver Drucklegung seiner Arbeit einen Probedruck vorlegen solle, der von der Commission zu prüfen sei; ferner wurde ins Auge gefaßt, Hrn. Wendland aufzufordern, eine Superrevision des Drucks zu übernehmen; doch kam es in Bezug auf diese Frage nicht zu einem Beschluß, da Hr. Mommsen das Bedenken erhob, ob sich die Mitarbeiter eine solche Controle gefallen lassen würden. Von Fall zu Fall aber soll in Erwägung gezogen werden, **p. 9** ob nicht Namens der Commission Hr. Wendland oder eine andere geschulte Kraft die grammatisch-stilistische Durcharbeitung der zu druckenden Texte vornehmen solle. Die Debatte über die Frage, wie weit u. nach welchen Gesichtspunkten die Herausgeber die Überlieferung in grammatisch-stilistischer Hinsicht corrigiren sollten, wurde am Schluß der Sitzung u. über dieselbe hinaus weitergeführt. Generelle Anweisungen den Mitarbeitern zu geben in Bezug auf die Einrichtung des Apparats wurde abgelehnt. Die Probecollation, die sie vorzulegen haben, wird jedesmal Gelegenheit geben, die nöthigen Vorschriften bez. Rathschläge zu ertheilen.
A. Harnack.

**p. 10** 4. Sitzung am 21. April 1900.
(Anwesend sämmtliche Mitglieder).
(1) Es wurde das Protokoll der vorigen Sitzung verlesen und genehmigt.
(2) Es wurde der Bericht des Geschäftsführers über die Fortschritte der Ausgabe im J. 1899/1900 verlesen (der Bericht befindet sich in den Acten – Abtheilung WZ); der Reisebericht des Hrn. Violet hatte bei den Mitgliedern bereits circulirt.
(3) Der Geschäftsführer berichtete über den Stand der Kasse und legte die Rechnungen vor. Hr. v. Gebhardt wurde mit der Prüfung derselben betraut behufs Ertheilung der Decharge seitens der Commission. Die Rechnung schloß mit einem Saldo von 5676 Mark.
(4) In Bezug auf einzelne Fragen kam Folgendes zur Verhandlung:
(a) Hr. Diels erklärte sich bereit, die Superrevision des „Henoch" zu übernehmen, was dankbar angenommen wurde.
(b) Die Commission sprach sich dafür aus, daß Nestle's deutsche Übersetzung der syrischen Version des Eusebius dem **p. 11** Druck übergeben werde solle.
(c) Die Commission entschied sich dafür, daß die lateinische Übersetzung des Eusebius durch Rufin neben dem griech. Texte gedruckt

werden solle und nahm mit besonderem Danke die Erklärung des Hrn. Mommsen entgegen, daß er, dem Wunsche der Commission entsprechend, den Text des Rufin recensiren werde.

(d) Es wurde beschlossen, bereits jetzt handschriftliche Probe-collationen der Chronik des Hieronymus zu beschaffen.

(e) Es wurden Mittel für eine mehrmonatliche Reise des Prof. Holl nach Italien bewilligt u. zwar, excl. der Reisekosten, 10 M. pro Tag. Der Geschäftsführer wurde beauftragt, von den Beschlüssen der Monumenten-Commission in Bezug auf Tagegelder ihrer Mitarbeiter Kenntniß zu nehmen und der KirchenVV.-Commission eine Vorlage zu machen.

(f) Der Geschäftsführer erklärte, z. Z. über den Stand der von den Hrn. Schwartz, Marquardt, Preuschen u. Gelzer übernommenen Arbeiten keine Mittheilungen machen zu können, dieselben aber in Kürze nachzuholen.

**p. 12** (g) In Bezug auf den der Commission in Aussicht gestellten „Wissenschaftl. Beamten" wurde beschlossen: (1) Hrn. Privatdocenten Lic. Dr. C. Schmidt mit den Functionen desselben zu betrauen [*Nachtrag*: bez. der Akademie in Vorschlag zu bringen], (2) die Instruction für ihn so zu fassen, daß er in erster Linie an der geschäftlichen und wissenschaftl. Leitung der Ausgabe zu betheiligen sei, (3) ihn zunächst provisorisch d.h. auf Widerruf in Vorschlag zu bringen. Weitere Beschlüsse konnte man noch nicht fassen, da eine officielle Benachrichtigung überhaupt noch nicht erfolgt war und die Instructionen der akad. wissenschaftl. Beamten thunlichst übereinstimmend festzustellen sind[18].
A. Harnack.

**p. 13** Bericht über den Stand der KVV.-Ausgabe 1901. 1. April.

(1) Die Ausgaben betrugen 5032 M. 78 Pf., so daß mit der neuen Bewilligung von 5000 Mark (bei einem Kassenbestand am 1. April 1900 von 5676 M.) 5643 M. 22 Pf. verfügbar sind.

(2) Bezugnehmend auf den gedruckten Bericht vom 1. Jan. 1901 bemerke ich, daß Sickenberger u. Nestle soeben erschienen sind. Im Druck befinden sich Bd. 6 H. 3 u. 4 (Urbain, Martyrien u. Harnack, Diodor), Bd. 7 H. 1 (Henoch äthiopisch)[19].

---

18 Zum Wissenschaftlichen Beamten der Kommission Rebenich, Theodor Mommsen und Adolf Harnack, 210-223.

19 J. Sickenberger, Titus von Bostra. Studien zu dessen Lukashomilien (TU 21/1 = NF 6/1), Leipzig 1901; A. Urbain, Ein Martyrologium der christlichen Gemeinde zu Rom am Anfang des V. Jahrhunderts. Quellenstudien zur Geschichte d. römischen Märtyrer (TU 21/3 = NF 6/3), Leipzig 1901;

(3) Die Berichte von (I) <u>Holl</u> u. (II) <u>Ehrhard</u> über ihre Arbeiten hatten circulirt (über den letzteren wird noch zu sprechen sein). Holl wird noch ein zweites Mal auf mehrere Monate des Epiph. wegen nach Italien müssen; er wird die Reise machen, sobald sein neues Amt ihm Zeit giebt. In Bezug auf die übrigen Mitarbeiter bemerke ich Folgendes:

III. Oracula Sibyll. (<u>Geffcken</u>) im Druck.

IV. <u>Heikel</u> hat nun das ½ Register geliefert. [*Nachtrag auf p. 12 unten*: Er will bis Herbst fertig sein.]

V. <u>Mommsen</u> hat den Rufin vollendet!!!!

VI. <u>Schwarz</u> [*sic*] will in diesem Sommer[20] den Druck beginnen!!! ja vielleicht schon i. Sommer.

VII. <u>Violet</u> ist nun bald ein Jahr in Damascus (in Soden's Auftrag[21]); seine Esra-Ausgabe hat dadurch die unliebsamste Verzögerung erlitten. Aber er war der einzige, der nach Damascus gehen konnte.

**p. 14** VIII. <u>K. Schmidt</u> war durch seine Arbeiten f. d. koptischen Acta Pauli[22] u. seit Weihnachten auch f. Rufin in Anspruch genommen gewesen; doch soll der Druck der koptisch-gnostischen Schriften noch in diesem Jahre beginnen.

IX. <u>Stählin</u> wird eine Eingabe an das bay[erische] Ministerium machen oder hat sie schon gemacht, um einen mehrmonatl., vielleicht auf ein Jahr sich erstreckenden Urlaub z. gewinnen. Ich hatte sein Gesuch durch ein Schreiben im Namen d. KVV.-Commission unterstützt. Eine kleine Arbeit von ihm „Clemens u. der Bibeltext" wird demnächst erscheinen[23].

X. <u>Preuschen</u> will den Druck des Joh. Commentars des Orig. im Herbst beginnen.

XI. <u>Klostermann</u> will zunächst die Prokop-Catene herausgeben; er hat sich schon bereit erklärt, die Schriften Eusebs

(1) περὶ ὀνομάτων

---

Diodor von Tarsus: Vier pseudojustinische Schriften als Eigentum Diodors, nachgewiesen von A. Harnack (TU 21/4 = NF 6/4), Leipzig 1901; Das Buch Henoch: äthiopischer Text, hg. v. J. Flemming (TU 22/1 = NF 7/1), Leipzig 1902.

20  Gestrichen: „Jahre"; zur Ausgabe selbst Rebenich, Theodor Mommsen und Adolf Harnack, 198-204.

21  Hermann Freiherr von Soden, Bericht über die in der Kubbet in Damaskus gefundenen Handschriftenfragmente, SPAW.PH 29/1903 (zu Violet vgl. insbesondere p. 2).

22  Acta Pauli. Übersetzung, Untersuchungen und koptischer Text, hg. v. C. Schmidt (Aus der Heidelberger Koptischen Papyrushandschrift Nr. 1), Leipzig 1901 (²1905).

23  O. Stählin, Clemens Alexandrinus und die Septuaginta, Nürnberg 1901.

(2) Theophaneia.

(3) Gegen Marcell.

(4) Über die kirchl. Theol.

zu übernehmen.

**p. 15**[24] XII. <u>Achelis</u> will vor Hippolyt II. Bd. die KKOO[25] herausgeben; das ist ziemlich vorbereitet. Flemming soll erst einiges Orientalische durchsehen. Aber wie ist es mit <u>Hauler</u> zu halten. Er wünscht, daß an ihn geschrieben wird. Für Hippolyt II will Achelis sehen, ob er sich der Hülfe des H[rn]. Brinkmann bedienen kann.

XIII. <u>Funk</u> wird erst ernstlich an die Clementinen gehen, wenn er seine Constitut.-Ausgabe fertig hat[26]. „Es ist fraglich, ob er im nächsten Jahr fertig sein wird."

XIV. <u>Gelzer</u> ist durch das Rectorat, welches er in diesem Jahr in Jena führt aufgehalten; ich hoffe noch, daß er seine Zusage, in diesem Jahr mit der Africanus-Drucklegung zu beginnen, halten wird.

XV. <u>Bonwetsch</u> will Collationen von Patmos u. Sinai.

XVI. u. XVII. v. <u>Dobschütz</u> u. <u>Berendts</u> arbeiten fleißig. [*Nachtrag*: Berendts geht jetzt auf 4-5 Monate nach Italien i. Sachen der Apokr. Er schien n[*icht*] abgeneigt, seinen Weg über Patmos z. nehmen. Er macht alles auf eigene Kosten.]

XVIII. <u>Kötschau</u> hat mit περὶ ἀρχῶν begonnen.

XIX. <u>Marquart</u> ???

XX. <u>Gebhardt</u>??

Verhandlungsgegenstände:

(1) Ehrhards Martyrien.

(2) Hieronymus Chronik? [*Nachtrag*: Soll verschickt werden bez. mehrere [*?*] Reisen!!!!]

(3) Wie soll es mit den Satzkosten gehalten werden?

(4) Soll Schmidt definitiv werden.

NB: <u>Freie Verhandlung über die Prosopographie.</u>

**p. 16** vacat

**p. 17** <u>5. Sitzung am 23. März 1901.</u>

Anwesend alle Mitglieder.

---

24 Verschiedene Streichungen und Bleistifterergänzungen auf der Seite sind nicht wiedergegeben.

25 I.e. Kirchenordnungen – vgl. dazu das Vorwort von H. Achelis/J. Flemming, Die ältesten Quellen des orientalischen Kirchenrechts, 2. Buch: Die syrische Didaskalia (TU 25/2 = NF 10/2), Leipzig 1904, III-VI.

26 Didascalia et Constitutiones Apostolorum ed. F.X. Funk, Vol. 1, Turin 1979 (= Paderborn 1905); Vol. 2 Testimonia et Scripturae Propinquae, Turin 1979 (= Paderborn 1905).

Als berathendes Mitglied Hr. Schmidt.

(1) Es wurde d. Protokoll der vorigen Sitzung verlesen u. genehmigt.
(2) Der Geschäftsführer berichtete über den Stand der Kasse u. legte
die Rechnung vor. Mit ihrer Prüfung wurde Hr. v. Gebhardt betraut.
(3) Es wurde d. Bericht des Gesch[*äfts*]führers über die Fortschritte
der Ausgabe i. J. 1900/1 z. Kenntniß gebracht.[27]
(4) Dieser Bericht gab zu ff. Besprechungen u. Hauptverhandlungen[28] Anlaß.

> (1) In Bezug auf Hrn. <u>Ehrhard</u> – die Nothwendigkeit seiner For-
> schungen für das Corpus wurde anerkannt nach den Aufklä-
> rungen, die der Geschäftsführer gab.
> (2) Geffcken – Hr. v. Wilamowitz legte die bes. Schwierigkeiten
> einer Ausgabe d. Orac. Sibyll. u. die Grundsätze dar, nach
> denen er in Gemeinschaft mit Hrn. Geffcken bei der Textes-
> construction verfahre.
> (3) <u>Schwartz – Mommsen</u> – die Frage, die Hr. Schwartz in Bezug
> auf die Drucklegung des Eusebius gestellt, bez. die Wünsche,
> die er ausgesprochen hatte, wurden sämmtlich in seinem
> Sinne erledigt. Was die Anordnung des Rufin-Textes betrifft,
> so erhob sich eine lange Debatte. Conclusum: (a) es ist Hrn.
> Schwartz grundsätzlich zu überlassen, in welcher Weise er
> den Euseb-Rufin-Druck anordnen will, (b) die Verhandlun-
> gen der Commission darüber sind ihm ad informationem
> mitzutheilen [ist sofort geschehen].
> **p. 18** (4) <u>Achelis</u>. Die KOO.-Ausgabe soll noch aufgeschoben
> werden, theils um Hauler's Ausgabe abzuwarten (Bd. II[29]),
> theils um ihm nicht zu rasch auf dem Fuße zu folgen. Hr.
> Achelis soll ersucht werden, lieber zuerst den Hippolyt Bd. II
> vorzunehmen u., wie er selbst ins Auge gefaßt hat, Hrn.
> Brinckmann [*lies*: Brinkmann] um wirksame Theilnahme
> anzugehen.

(5) Mit den Probecollationen von Hieronymus' Chronik soll begonnen werden.
(6) In Bezug auf die Satzkosten (verschuldete Autorcorrecturen) soll
es, wie bisher, gehalten werden. Die Verlagshandlung soll die aufge-

---

27　Gestrichen: „Auf Grund des vorstehend kurz Skizzierten".
28　Nachträglich umgestellt durch die Ziffern „1" und „2" über den Wörtern.
　　Ursprünglich hatte Harnack geschrieben: „Hauptverhandlungen u. Bespre-
　　chungen".
29　Didascaliae Apostolorum Fragmenta Veronensia Latina, accedunt canonum
　　qui dicuntur Apostolorum et Aegyptiorum reliquiae, ed. E. Hauler, Fasc. I,
　　Praefatio, Fragmenta, Imagines, Leipzig 1900.

laufene Summe der Commission in jedem Falle nennen, u. sie wird entscheiden, wie viel sie von dieser Summe tragen will.

(7) Die Frage nach der definit[iven] Anstellung des wiss. Beamten soll im September schriftlich in d. Commission zum Vortrag gebracht werden.

Harnack.

**p. 19** NB: Im Winter 1901/2 (Sitzung in den Weihnachtsferien mit Jülicher) beschloß die Commission, die Prosopographia imperii Romani Saec. IV. V. VI. in den Kreis ihrer Aufgaben aufzunehmen u. an die Wentzel-Stiftung den Antrag zu stellen, die Kosten zu übernehmen.

6. Sitzung am 12. April 1902.
Anwesend alle Mitglieder außer Hrn. Jülicher;
als berathendes Mitglied Hr. Schmidt.

(1) Es wird das Protokoll der vorigen Sitzung verlesen u. genehmigt.[30]

(2) Der Kassenbericht für die KVVAusgabe u. die Prosopographie wird vorgelegt u. Hrn. v. Gebhardt auf Beschluß der Commission z. Prüfung übergeben.

(3) Der Geschäftsführer trägt den Jahresbericht pro 1901/2 vor. An einzelne Punkte schlossen sich weitere Erwägungen. Namentlich soll eine Expedition nach Albanien u. Macedonien im Auge behalten werden, **p. 20** ebenso das Georgische, damit die Schätze der georgischen Litteratur uns zugänglich werden.

(4) Die Correcturkosten (Geffcken – Sibyll.) werden von der Commission übernommen.

(5) In Bezug auf die Freiexemplare der Texte u. Unters. wurde beschlossen, es bis auf Weiteres mit ihnen wie bisher zu halten. Prof. Hirschfeld wünscht nur die Zusendung der Hefte, die mit den Bänden der Ausgabe in enger Beziehung stehen.

(6) Was die Fortsetzung der Arbeiten für die Chronik des Euseb-Hieron. betrifft, so wurde beschlossen: (1) der Armenier und Hieronymus sind besonders zu bearbeiten u. zu ediren, bevor die Eusebius-Ausgabe in Angriff genommen wird. (2) Die Hieron.-Chronik anlangend, soll das Hdschriften-Verzeichniß bei einigen Mitgliedern circuliren, damit sie die Städte (Bibliotheken) auswählen, in die sie Probecollationen schicken. In die übrigen Bibliotheken sollen von

---

30 Gestrichen ist der ursprüngliche § 1: Der Geschäftsführer begrüßt das neue Mitglied, Hrn. Hirschfeld.

Hrn. Schmidt möglichst zahlreich Probebogen geschickt werden; wo möglich soll Anfang des Winters die Probe-Collat.-Arbeit beendigt sein, damit dann **p. 21** Hr. Mommsen diejenigen Handschriften bezeichnen kann, von denen Probe-Photographieen zu nehmen sind. (7) In Bezug auf den von dem Verleger vorgelegten Entwurf eines besonderen Contracts mit den Mitarbeitern, der namentlich den plötzlichen Todesfall von Mitarbeitern voraussetzt, wurde beschlossen, daß dieser Entwurf <u>nicht</u> zu billigen sei, da in solchen Fällen die Commission die Interessen ihrer Mitarbeiter ausreichend wahrnehmen wird.

(8) Die Ausgabe des Irenäus übernahm Hr. Loofs.

(9) Es wurde beschlossen, Sokrates, Sozom., Theodoret u. Philostorgius i. d. Ausgabe aufzunehmen. Hr. v. Wilamowitz erbot sich, Schritte zu thun, um festzustellen, ob die Dubliner eine solche Ausgabe planen, event. Hrn. Bidez für uns zu gewinnen.

(10) Das „Regulativ für die Anlage der Ausgaben des Corpus SS. Eccl. Lat. Vindob.[31]" wurde vorgelegt; die Commission nahm es zur Kenntniß, sah sich aber nicht veranlaßt, näher auf dasselbe einzugehen.

(11) Ein Brief des Hrn. Lietzmann wurde verlesen, in **p. 22** welchem er vorschlägt, ihn an der Herausgabe der Psalmen-Commentare des Orig. u. Euseb. zu betheiligen. Es soll ihm geantwortet werden, daß wir zwar nicht die Catenen im Allg., wohl aber die Psalmen-Catenen aufzuarbeiten wünschen, daß Hr. Mercati die Psalmen-Commentare für uns übernommen hat, daß er sich mit diesem in Verbindung setzen u. uns nähere Vorschläge machen solle.

(12) Es wurde mitgetheilt, daß Hr. <u>Schmidt</u> die Ordnung des Archivs der Commission übernommen hat.

(13) Die Prosopographie anlangend, legte der Geschäftsführer ein Schreiben an die Wentzel-Stiftung zur Annahme vor, in welchem dieselbe gebeten wird, die Prosopographie in ihre Publication aufzunehmen u. der Commission jährlich 3000 M. zu gewähren, den jährlichen Zuschuß z. KKVV.Ausgabe von nun an auf 4000 M. zu bemessen, ohne die Gesammtsumme, die nach dem Voranschlag noch aussteht (44000 M.) deßhalb zu kürzen (Vertheilung auf 11 Jahre statt auf 9 Jahre).

Harnack.

---

31  Gemeint sind die Editionsrichtlinien des Wiener Schwesterunternehmens der GCS, des *Corpus Scriptorum Ecclesiasticorum Latinorum Vindobonense*; vgl. dazu M. Zelzer, Ein Jahrhundert (und mehr) CSEL, SE 38 (1998/1999), (75-99) 81.

**p. 23** 7. Sitzung. 18. Apr. 1903

Anwesend alle Mitglieder außer Hrn. Diels u. v. Gebhardt.

Anwesend auch Dr. Schmidt als berathendes Mitglied.

(1) Es wird das Protokoll der vorigen Sitzung verlesen u. genehmigt

(2) Es wird der Kassenbericht (KKVV.Ausgabe) vorgelegt (Ausgaben = 4765,39 M., Kassenbestand 6825,67 M.) u. Hr. Dr. Hirschfeld mit der Prüfung betraut. [NB: Diese ist erfolgt; Decharge ertheilt].

(3) Es wird der Bericht des wissensch. Beamten verlesen; derselbe gab zu Erinnerungen keinen Anlaß.

(4) Es wurde mitgetheilt, daß das Archiv der Commission von Dr. Schmidt vollständig geordnet worden sei.

(5) Der Geschäftsführer referirt ausführlich über den Stand der Arbeiten, nachdem er schon einige Wochen früher einen Bericht über sie unter den Mitgliedern hatte circuliren lassen. Die Arbeit jedes einzelnen Mitarbeiters, soweit etwas über sie bekannt war, wurde kurz besprochen (Klostermann, Wendland, Preuschen, Ehrhard, Lietzmann, Mercati, Holl, Stählin, Greßmann, der georgische Mitarbeiter, Kötschau, Bidez, Parmentier, v. Dobschütz, Gelzer, Marquart; die Arbeit am Hieronymus). Der Bericht gab zu folgenden Bemerkungen bez. **p. 24** Beschlüssen Veranlassung:

(a) Hr. Räder – Kopenhagen soll durch Heiberg aufgefordert werden, seine Ausgabe von Theodoret, Cur. Affect. entweder i. d. Texten + Unters. zu drucken oder Hrn. Stählin sein Material zur Verfügung z. stellen[32].

(b) Greßmann soll, wie der Geschäftsführer vorgeschlagen hatte, die Ausgabe der „Theophanie" jetzt in Angriff nehmen (Vertrauliches Schreiben an Wendland, Greßmann's Fähigkeiten in Griech. betreff.).

(c) dem georgischen Mitarbeiter i. Tiflis [*Korbelow*] soll für seine werthvollen Beiträge eine Summe geschickt werden, deren Höhe mit Hrn. Bonwetsch festzustellen ist.

(d) an Marquardt soll geschrieben u. er ersucht werden, einen neuen Termin f. die Fertigstellung seiner Arbeit zu nennen.

(e) i. Bezug auf den Hieron. soll Traube durch Hrn. v. Wilamowitz ersucht werden, die Ausgabe zu übernehmen oder einen jungen Gelehrten zu nennen, der sie unter seiner Anlei-

---

32 Vgl. aber die Edition von Hans Raeder, Theodoreti graecarum affectionum curatio (BiTeu), Leipzig 1904 (ND 1969) und die Bemerkungen zur Editionsgeschichte von P. Canivet, Théodoret de Cyr, Thérapeutique des Maladies helléniques, texte critique, introduction, traduction et notes (SC 57), Paris 1958, 72f.

tung u. Aufsicht herstellt (Oxon[*iensis*] ist photographirt u. liegt bei Hrn. Mommsen; Floriac[*ensis*] hat Traube selbst i. Facsimile erscheinen lassen[33]).

**p. 25** (f) Der Praepar. wegen soll an Hrn. Schwartz geschrieben werden, ob u. wann er Willens ist, die Ausgabe herzustellen.

(6) Der Anregung Dr. v. Gebhardts (brieflich), das Honorar für die Mitarbeiter zu erhöhen konnte leider keine Folge gegeben werden, da die Kasse eine Erhöhung nicht erlaubt – noch viel weniger, wenn die früheren Editionen nachträglich höher honorirt werden sollten.

(7) Die Prosopographie anlangend, wurde der Kassenbericht vorgelegt und Hr. Hirschfeld mit der Prüfung desselben betraut. Ausgaben 507,50 M.; Kassenbestand 2976,95 M. [NB: die Decharge ist ertheilt].

(8) [34]Hr. Mommsen legte seine Arbeit vor u. berichtete über die Grundsätze derselben; Hr. Jülicher referirte über seine bisherige Thätigkeit. In Bezug auf die Grundsätze u. Methode f. die Excerpirung ergab sich zwischen Hrn. Mommsen u. Jülicher ein vollkommenes Einverständniß, das sich dahin zusammenfassen läßt:

(a) Aus den Litteraturwerken sind <u>alle</u> Namen zu excerpiren.

(b) Aus den Inschriften sind nur die Namen von Amtspersonen oder charakterisirten Personen zu excerpiren, also sind z.B. die Sepul- **p. 26** cralinschriften fast ganz fortzulassen. Ähnlich ist bei den Papyri zu verfahren, in denen z.B. die Gemeindebeamten nicht zu berücksichtigen sind, wohl aber d. Staatsbeamten.

(c) Die Stichworte sind in der correkten lateinischen Form zu geben, aber möglichst viele Verweisungen zu machen. Bei dem <u>gebräuchlichsten</u> Namen soll stets der betreff. Artikel stehen.

(d) Die profanen Schriftsteller schon jetzt excerpiren zu lassen, wurde abgelehnt, die Aufgabe aber auf das nächste Jahr verschoben.

(e) Hr. Hirschfeld erbot sich ein Probeexcerpt aus einem Inschriftenband, voraussichtlich C.I.L. XII vorzulegen.

(f) Hr. Jülicher wurden für Excerpte Mittel bis 700 Mark bewilligt, für Libanius Mittel bis 300 Mark, für die Inschriften-

---

33 Hieronymi chronicorum codicis Floriacensis fragmenta Leidensia Parisina, Vaticana, praefatus est Ludovicus Traube (Codices Graeci et Latini photographice depicti. Supplementum 1), phototypice ed. Leiden 1902.

34 Gestrichen: „Ein längeres Gespräch ents."

Excerpte [*Nachtrag S. 26-27 unten*: vor Allem C.I.L. u. Gr.[35], LeBlant[36], LeBas und Waddington, Syr. Inschriften[37]. – NB: Ins Auge gefaßt wird 1500 M. für den Bearbeiter der christl. Prosopogr. + der Gesamtredaktion, 1000 M. für den Bearbeiter der prof. Prosopographie]. Mittel bis 400 M., für die Papyri (Herr Krönert-Bonn, Cassius-Graben 2, wird i. Aussicht genommen) ebenfalls bis zur Höhe v. 400 Mark.
Weiteres kam nicht vor.
Harnack.

**p. 27** 8. Sitzung vom 23. April 1904. 4 Uhr.
Anwesend alle Mitglieder außer Hr. Loofs + v. Gebhardt.

Da Herr Seeck nur bis 6 Uhr Zeit hatte, so wurde zuerst über die Prosopographie verhandelt.
(1) Das Protokoll der vorigen Sitzung, die Prosopographie betreff., wurde verlesen + genehmigt.
(2) Der Bericht über den Kassenstand wurde gegeben. Einnahmen 5976,95 M., Ausgaben: 2109,40 M. Bestand: 3867,55 M. Mit der Prüfung der Rechnung wird Hr. Hirschfeld betraut.
(3) Hr. Jülicher berichtet über den Stand der Arbeiten, spec. über die Excerpten-Arbeiten der freiwilligen Mitarbeiter sowie über seine Arbeit an den Bischofslisten. Jene anlangend, so haben die älteren Hrn. Collegen fast sämmtlich die übernommenen Aufgaben absolvirt; eine Reihe von Arbeiten jüngerer Collegen steht noch aus. Es wird beschlossen den im Rückstand Gebliebenen zu schreiben u. ihnen den 1. Januar 1905 als letzten Termin zu stellen. Können sie sich nicht verpflichten, diesen Termin einzuhalten, so sollen die Arbeiten Anderen (für Honorar) übergeben werden.
(4) Hr. Hirschfeld berichtet über seine Arbeit. Er hat die **p. 29**[38] Auszüge aus dem 12. Bd. des C.I.L. gemacht; berichtet über die dabei befolgten Grundsätze und übergiebt Hrn. Seeck das Material. Hr. Hirschfeld theilt weiter mit, daß Hr. Rappaport den 10. + 11. Bd. des C.I.L. excerpirt hat. Was die Papyri betrifft, so hat Hr. Teubler [*lies* Eugen Täubler] (Urbanstr. 3) die Berliner bisher bearbeitet. Christen bis 325 hat er sämmtlich aufgenommen, sonst die

---

35  D.h. C.I.Gr. = *Corpus Inscriptionum Graecarum* resp. *Inscriptiones Graecae*.
36  E. LeBlant, Nouveau recueil des inscriptions chrétiennes de la Gaule antérieures au VIIIᵉ siècle (Collection de documents inédits sur l'histoire de France), Paris 1892.
37  Inscriptions grecques et latines de la Syrie, recueillies et expliquées par Ph. LeBas et W.H. Waddington, Rom 1970 (= Paris 1870).
38  **p. 28** vacat.

nicht charakterisirten Namen nicht. Die Mönche aber sollen auch weiter sämmtlich aufgenommen werden. Hr. Teubler [*sic*] soll die Arbeit an den Papyri fortsetzen. Wo Stundenlohn verabredet wird, soll 1 M. pro Stunde bezahlt werden; aber auch Bezahlung nach Stückarbeit ist zulässig, ja wünschenswerth.

(5) Hr. <u>Seeck</u> berichtet über seine Thätigkeit. Er hat in den Tagen vor der Sitzung eingehend mit Hrn. Jülicher über die Grundsätze der Arbeit verhandelt, u. das hat zu einem vollk[*ommenes*] Einverständniß geführt. Im Einzelnen berichtete Hr. Seeck Folgendes:

((1)) Den Libanius will er selbst übernehmen.

((2)) Die Mommsen'schen Vorarbeiten zu den Rechtsquellen, Ammian, Zosimus, Festbriefen etc. sind umfangreich, aber nirgendwo abgeschlossen. Eine Nacharbeit ist überall nothwendig.

**p. 30** ((3)) Die nächsten + dringendsten Arbeiten sind als Grundlagen der Chronologie <u>Ammian</u> (dazu die Magistratslisten), die <u>Chronologie der Kaisergesetze</u> und <u>Libanius</u>.

((4)) Die weltlichen Schriftsteller, welche großes Material enthalten + die Grundlage f.d. Prosopographie enthalten, will Hr. Seeck selbst bearbeiten.

((5)) Für die Gruppen 2. und 3. Rangs sind Excerptoren zu gewinnen. Theils auf Vorschlag v. Hrn. Seeck, theils aus der Mitte der Commission heraus werden folgende Gelehrte f. sie ins Auge gefaßt:

Astrologen – Kroll (Greifswald)

Rhetoren – Radermacher

Ärzte (bes. natürlich Alexandrier) – Schöne.

Grammatiker – Wenzel? Krumbacher.

Landwirthe – Oder (aber er ist leidend). [*Nachtrag*: ist erledigt in Bezug auf die Viehdoktoren durch Rade[*r*]macher.]

Kriegswissensch. – Kromeyer?

Astronomen + Mathematiker – Heiberg

Alchymisten – G. Hoffmann. Reitzenstein?

Metrologen – Seeck selbst + Pernice

Physiognomiker – Förster

**p. 31** Philosophen – Busse – Berlin (?)

Grammatici lat. – Skutsch.

Subscript. lat. – Jahn's Ausgabe[39].

Griech. Inschriften: es soll mit dem paratliegenden Material begonnen werden (Rappaport); Hiller soll um Nachweise ange-

---

39  O. Jahn, Über die Subscriptionen in den Handschriften römischer Classiker, BSGW 1851, 327-372.

gangen werden. In Österreich soll bei Benndorf bez. Kubitschek angefragt werden. Natürlich müssen auch die zahlreichen Zeitschriften- (z.Th. auch ausländisch-theologische) und Privatpublik[*ationen*] durchgesehen werden.

Koptisch (Heilige, Ostraka etc.) – K. Schmidt.

für Schenute – Leipoldt[40].

Acta SS. – Harnack soll an die Bollandisten schreiben, ob sie nicht die Aufgabe für uns machen wollen.

Weiter kam in Bezug auf die Prosopographie nichts vor.

(1) Das Protokoll der vorigen Sitzung in Bezug auf die KK.Väter-Ausgabe wurde verlesen + genehmigt.

(2) Der Kassenbericht wird vorgelegt: Einnahme: 10825,67 M. Ausgabe 5390,80 (also 1390,80 M. über die Jahres-Einnahme). Rest: 5434 M. 87 Pf. Hr. Hirschfeld wird mit der Prüfung der Rechnung betraut.

(3) Über den Stand der Arbeiten hatte der Geschäftsführer **p. 32** durch den gedruckten Bericht vom 28. Januar 1904 u. ein Cirkularschreiben vom 29. März 1904 bereits im Allg. orientirt. Er verlas nun die Briefe der Mitarbeiter, die seitdem eingetroffen waren, nämlich von Heikel, Violet, Ehrhard, Marquart, Reichardt, Gelzer, Funk, Dobschütz + Lietzmann. Hr. v. Wilamowitz berichtete über die Ausgabe d. Clemens, deren Druck begonnen hat, u. seine Betheiligung an derselben. Festgestellt wurde Folgendes: (1) Hr. Heikel soll für seine Reise (Demonstr.) eine Entschädigung erhalten. (2) In Bezug auf Violet, Ehrhard, Marquart, Gelzer, Funk + Dobschütz soll weiter gewartet werden, spec. soll Hrn. Marquart die Aufgabe noch nicht entzogen werden. (3) In Bezug auf Gregor Thaum. soll von Reichardt abgesehen und die Ausgabe Hrn. Rabe – Hannover übertragen werden [*Nachtrag*: Superrevision des Panegyrikus durch Brinkmann.]. Das Syrische macht Hr. Hilgenfeld. (4) Hr. Diels wird durch Hrn. Heiberg Hrn. Räder (Kopenhagen) bitten lassen, seine Ausgabe von Theodoret, Curat. Affect. entweder in den Texten u. Unters. erscheinen zu lassen oder sein Material Hrn. Stählin zu geben. (5) Hr. Diels theilt mit, daß Hr. Wendland 1904 + 1905 noch nicht zur Drucklegung **p. 33** des Hippolyt kommen wird. (6) Die Chronik des Hierony. soll Hrn. Helm übertragen werden. Die HH.

---

40 J. Leipoldt, Schenute von Atripe und die Entstehung des national äygptischen Christentums (TU 25/1 = NF 10/1), Leipzig 1903; zu seinen späteren Schenute-Editionen Rebenich, Theodor Mommsen und Adolf Harnack, 293 Anm. 225.

Diels + Wilamowitz wollen ihm den Antrag übermitteln. [Für die
Herstellung des Eusebius selbst wird schon jetzt Hr. Jacobi [*lies*:
Jacoby] ins Auge gefaßt]. Nach Mommsen's Hieronymus-Probe-
collationen soll geforscht werden. (7) Hrn. Lietzmann soll auf seine
Anfrage, eine ständige Subvention des Catenen-Unternehmens betreff., geantwortet werden, daß die Commission bereit ist, für 3
Jahre je 400 M. auszusetzen. Unter der Voraussetzung, daß Hr.
Lietzmann in diesem Jahre die geplante Pariser Reise nicht unter-
nimmt, sollen die 3 Jahre mit dem 1. April 1905 beginnen. (8) Hrn.
Hinrichs' Anfrage, das Papier der Ausgabe betreff., soll geantwortet
werden, daß das bisher benutzte Papier auch fernerhin gebraucht
werden soll. (9) Der Bericht des wissensch. Beamten wurde verlesen
u. gab zu Erinnerungen keinen Anlaß (Ausgabe der Acta Pauli;
ägypt. Reise).
Harnack.

**p. 34** vacat.

**p. 35** 9. Sitzung am 29. April 1905. 4 Uhr
Anwesend alle Mitglieder außer Hrn. v. Gebhardt.
A: Die KKVVAusgabe. (1) Es wurde das Protokoll der vorigen
Sitzung verlesen u. genehmigt.
(2) Es wurde der Kassenbericht vorgelegt. Einnahme mit dem Übertrag 9434 M. 87 Pf., Ausgabe 4373 M. 85 Pf. Rest 5061 M. 2 Pf.
Hr. Hirschfeld wurde mit der Prüfung betraut.
(3) Über den Stand der Arbeiten hatte der Geschäftsführer durch den
gedruckten Bericht v. 28. Jan. 1905 u. durch ein Cirkularschreiben
v. 3. April 1905 sammt brieflichen Beilagen bereits im Allgemeinen
orientirt. In Anlehnung daran wurden einzelne schwebende Unternehmungen besprochen. Diese Besprechungen gaben zu Beschlüssen
oder Anständen keinen Anlaß. Bestimmt wurde nur, daß Hr.
Marquart aufgefordert werden solle, eine Abhandlung über die
(griech.) Vorlage der armenischen Chronik des Eusebius abzufassen
u. zugleich Proben von Rückübersetzungen ins Griechische zu geben;
ferner daß Hr. Rabe auf sein Ersuchen von der Verpflichtung, den
Gregorius Thaum. herauszugeben entbunden werden solle.
**p. 36** (4) Der wissensch. Beamte Dr. K. Schmidt trägt seinen Bericht
über seine Thätigkeit 1904/5 vor. Derselbe gab zu Beanstandungen
keinen Anlaß. Seine Hauptarbeit war im laufenden Jahr die Fertigstellung des 1. Bandes der kopt. gnost. Schriften. Derselbe ist im
April 1905 erschienen.
(5) Im J. 1905/6 sollen wo möglich die beiden Bände Eusebius
Kgesch. u. Klostermann, Eusebius – Marcell publicirt u. mit dem

Druck von Clemens, Strom. u. Koetschau, Origenes περὶ ἀρχῶν begonnen werden. – Weiteres kam nicht vor.

B Die Prosopographie. (1) Das Protokoll der vorigen Sitzung wird verlesen u. genehmigt.

(2) Der Kassenbericht wird vorgelegt. Einnahme mit dem Übertrag: 6867 M. 55 Pf. Ausgabe: 3385 M. 80 Pf. Rest: 3481 M. 75 Pf. Mit der Prüfung wird Hr. Hirschfeld betraut.

(3) Hr. Teubler [lies Täubler] soll aufgefordert werden, seine Rechnung einzureichen.

(4) Die HH. Jülicher u. Seeck referiren über ihre Arbeiten. Hr. Jülicher theilt mit, daß der Migne nun **p. 37** fast vollständig excerpirt ist. Auf Antrag des Hrn. Hirschfeld wird beschlossen, den freiwilligen Mitarbeitern den Dank der Commission auszusprechen. Hr. Jülicher + Harnack sollen denselben entwerfen u. mit den Namen der Mitglieder unterzeichnen. Hr. Seeck theilt mit, daß seine chronolog. Arbeit z. Libanius Briefen gegen Ende des Jahres abgeschlossen sein wird; dieselbe soll in den „Texten und Unters." erscheinen[41]. Hr. Seeck legt den Entwurf einer Anweisung zur Anfertigung der Excerpte für die Mitarbeiter an dem profanen Theile der Prosopographie vor. Derselbe wird mit der Maßgabe angenommen, daß er mit der früher ergangenen Anweisung möglichst conform sein soll. Der Geschäftsführer wird betraut, für diese Conformität Sorge zu tragen.

(5) Hr. Hirschfeld wird auch weiter für die Anfertigung der Excerpte aus dem Corpus Inscr[iptionum] Sorge tragen. Es werden ihm dafür die Mittel zur Verfügung gestellt (bis z. Höhe von 500 M.). In der gleichen Höhe werden Hrn. Jülicher Mittel z. Verfügung gestellt.

(6) Wegen der Excerpte aus den römischen In- **p. 38** schriften soll Hr. Harnack mit Hrn. Wilpert in Verbindung treten; wegen der Excerpte aus den Acta SS. – die Bollandisten haben es abgelehnt, die Arbeit zu liefern – soll zunächst der Rath von Hrn. Ehrhard eingeholt werden.

In Bezug auf die Gestaltung der Prosopographie wurde mancherlei besprochen, ohne daß es zu Beschlüssen kam, da der Zeitpunkt für solche noch nicht gekommen ist. Allseitig wurde gewünscht, daß die großen Briefsammlungen monographisch bearbeitet werden müßten, aber auch anerkannt, daß ohne handschriftliche Studien hier nur halbe Arbeit gethan werden kann.

Weiteres kam nicht vor.

A. Harnack.

---

41 O. Seeck, Die Briefe des Libanius (TU 30/1-2 = NF 15/1-2), Hildesheim 1966 (= Leipzig 1906).

**p. 39** 10. Sitzung am 28. April 1906. 4 Uhr
Anwesend alle Mitglieder außer Hrn. v. <u>Gebhardt</u> u. <u>Jülicher</u>.
<u>A: die KKVV.-Ausgabe</u>. (1) Es wurde das Protokoll der vorigen
Sitzung verlesen u. genehmigt.
(2) Es wurde der Kassenbericht vorgelegt. Der Übertrag u. die neue
Bewilligung betrugen        9061 M. 2 Pf.
Die Ausgaben betrugen       <u>3155 M.   5 Pf.</u>[42]
Kassenbestand:              5905 M. 47 Pf.
Hr. Hirschfeld wurde mit der Prüfung der Rechnung betraut. Bei
dem günstigen Bestande der Kasse wurde beschlossen, für das nächste Jahr ausnahmsweise nur eine Forderung von 3000 M. an das
Curatorium der Wentzel-Heckmann-Stiftung zu richten; dafür aber
4000 M. für die Prosopographie zu erbitten.
(3) Über den Stand der Arbeiten hat der Geschäftsführer in dem
gedruckten Bericht v. 25. Januar 1906 berichtet. An Hrn. Beeson
soll [*Nachtrag*: im Namen der Commission] geschrieben werden, er
möge endlich die Einleitung zu den Acta Archelai einsenden. Desgl.
soll an Hrn. Stählin geschrieben werden, die Kommission wünsche,
daß Strom. I-VI einen Band bilde, alles Übrige dann einen 3. Band.
**p. 40** Ein Probedruck der Esra-Apoc. soll von Hrn. Violet der
Kommission vorgelegt werden. Die Entscheidung über die Ausgabe
des Justin, die Hr. v. Gebhardt übernommen hat, wurde vertagt. –
Die Ausgabe des Irenäus wurde Hrn. Prof. <u>Ficker</u> – Halle übertragen; er soll, bis er den griech. Text (bei Epiph.) erhält, den Lateiner
bearbeiten u. die sonstigen Vorbereitungen treffen. – In Bezug auf
den eben eingetroffenen neuen armenischen Irenäus soll zur Revision
der deutschen Übersetzung Hr. <u>Karst</u> – Strassburg aufgefordert
werden (Näheres s.u.)[43]. – Auf Grund eines Briefs von Wendland
wurde anerkannt, daß die Ausgabe der Philos. des Hippolyt erst
publicirt werden könne, wenn der Epiphan., bez. der Irenäus zugänglich gemacht ist. – <u>Holl</u> hat in Aussicht gestellt, nun seine ganze
Kraft dem Epiphanius zu widmen. – Der Julius Afrikanus (<u>Gelzer</u>)
soll zur Zeit noch ruhen bleiben. – Der Auftrag an Hrn. <u>Preuschen</u>
betreffend den Matth.-Commentar des Origenes wurde aufrecht
erhalten. – Beschlußfassung über Gregorius Thaumaturgus wurde

---

42  Der Betrag ist wohl zu verbessern in: 3155 M. 55 Pf.
43  Gemeint ist die „Darlegung der apostolischen Verkündigung", die 1904 in
    Eriwan aufgefunden wurde: Des heiligen Irenäus Schrift zum Erweise der
    apostolischen Verkündigung, hg. u. ins Deutsche übers. von K. Ter-
    Mkrtičean, mit einem Nachwort u. Anm. von A. Harnack (TU 31/1 = 3. R.
    1/1), Leipzig 1907.

ausgesetzt. – Hr. Schmidt theilte mit, daß er demnächst die Collation des Bologneser Codex für Heikel's Ausgabe der Demonstrat. ev. des Eusebius vollenden wird[44]. – **p. 41** – Hr. Helm hat sich bereit erklärt, die Ausgabe des Hieron. (Chronik) zu übernehmen. – Hrn. Marquart soll die Ausgabe der armenisch. Eusebius-Chronik nun entzogen werden, da er noch immer nichts geliefert hat. Sie soll Hrn. Karst (s.u.) übertragen werden. – Nach dem Tod des Hrn. Bradke ist über die Ausgaben von 2 Eusebiusschriften (Περὶ διαφωνίας εὐαγγελίων – Ἡ τοῦ καθόλου στοιχειώδης εἰσαγωγή bez. Αἱ περὶ τοῦ Χριστοῦ Ἐκλογαὶ προφητικαί) neu zu verfügen. Frl. v. Wedel wird für die Ausgabe ins Auge gefaßt. – In Bezug auf Sokrat., Soz., Theodoret soll z. Z. noch keine Anfrage an Hrn. Bidez u. Parmentier gerichtet werden, da Hr. Bidez z. Z. mit einer anderen Aufgabe beschäftigt ist. – Hr. Funk hat erklärt, nun die Ausgabe der Homilien + der Epitome in Angriff zu nehmen. Über die Rekognitionen konnte noch nichts entschieden werden; ein Bearbeiter soll gesucht werden. – In Bezug auf die Acta Martyr. hat Gregory Hrn. Ehrhard sehr werthvolle Nachweisungen aus orientalischen Hdschriften geliefert. Hr. Ehrhard hat an die Commission den Antrag gestellt, den **p. 42** Privatdozenten Karst – Straßburg mit der Durchsicht der armenischen hagiographischen Hdschriften[45] zu betrauen. Nach längerer Debatte wurde Folgendes beschlossen: Es soll dem Hrn. Karst der Antrag gestellt werden, zunächst ein Jahr lang für die Commission 20 Stunden wöchentlich für ein Honorar von 1500 M. zu arbeiten. Er soll in dieser Zeit (1) den neuen armenischen Irenäus durchsehen u. druckfertig machen, (2) die armenische Chronik des Eusebius armenisch u. deutsch veröffentlichen (ohne sich auf weitergehende textkritische Untersuchungen mit Hülfe der anderen Zeugen einzulassen). Sollte er wider Erwarten diese Arbeit im Laufe eines Jahres nicht erledigen können, so wird eine Verlängerung des Verhältnisses ins Auge gefaßt, u. Hr. Karst soll dann auch die armenischen hagiographischen Hdschriften für Hrn. Ehrhard durcharbeiten. Das Honorar soll ¼-jährlich gezahlt werden laut Bescheinigung des Hrn. Karst, daß er 20 Stunden wöchentlich gearbeitet hat, u. ist entsprechend zu kürzen, wenn er nur kürzere Zeit auf die Arbeiten verwenden könnte.

---

44 Vgl. dazu GCS Eusebius VI, Leipzig 1913, XIII: „Sodann hat Professor Carl Schmidt sich der Mühe unterzogen, die ganze HS (...) in Berlin, wohin sie auf Verlangen gesandt wurde, für mich genau zu vergleichen".
45 Nachträglich umgestellt durch die Ziffern „1" und „2" über den Wörtern. Ursprünglich hatte Harnack geschrieben: „Hdschriften hagiographischen".

Der Bericht des wissenschaftlichen Hülfsarbeiters Prof. Dr. Schmidt
wurde verlesen u. gab zu Bemerkungen keinen Anlaß.
Sonst kam nichts vor.

**p. 43** B Prosopographie
(1) Das Protokoll der vorigen Sitzung wurde verlesen u. genehmigt.
(2) Die Rechnung wurde vorgelegt. Die Einnahmen betrugen mit
dem Übertrag:     6481 M. 75 Pf.
Die Ausgaben:     3446 M. 25 Pf.
Rest              3035 M. 50 Pf.
Hr. Hirschfeld wurde mit der Prüfung betraut. Es wurde beschlossen
für 1906 vom Curatorium der Wentzel-Stiftung 4000 M zu ersuchen.
(3) In Bezug auf die Berichte der beiden Geschäftsführer Hr. Jülicher
u. Hr. Seeck wünschte Hr. Hirschfeld eine ausführlichere Darlegung;
sie soll das nächste Mal erfolgen.
(4) Die Instruktion für die Excerpirung der Acta SS., welche die Hrn.
Ehrhard u. Pfeilschifter vorgelegt hatten, wurde mitgetheilt.
(5) Hrn. Jülicher soll geschrieben werden, daß er sich in Bezug auf
Alphabetisirung der Excerpten-Zettel die möglichste Erleichterung
verschaffen solle. Die ihm ausgesetzte Summe für Hülfsarbeiten wird
auf 700 M. erhöht.
**p. 44** (6) Mit Hrn. Wilpert soll über die christlich-römischen Inschriften nicht verhandelt werden, aber auch z. Z. noch nicht mit
Hrn. Gatti, sondern die Sache soll aufgeschoben werden.
(7) Hr. Seeck theilt mit, daß er den Ammian u. den Theodos.-Cod.
in Angriff genommen habe. Die Excerpirung von Werken wie Photius,
Suidas etc. soll vorgenommen werden; Hr. Harnack erklärt sich
bereit, Hrn. Seeck Arbeiter zu vermitteln.
(8) Die Hinrichs'sche Buchhandlung bewirbt sich um den Verlag der
Prosopographie. Es soll ihr geschrieben werden, daß, wenn die Sache
bis zur Drucklegung gefördert sein wird, die Kommission in erster
Reihe ihren Vorschlägen entgegen sehen wird.
Weiteres kam nicht vor.
Harnack.

**p. 45** 11. Sitzung am 20. April 1907. 5 Uhr.
Anwesend alle Mitglieder (mit Ausnahme des Hrn. Seeck).
A: Die KKVV.Ausgabe. (1) Es wurde das Protokoll der vorigen
Sitzung verlesen + genehmigt.
(2) Es wurde der Kassenbericht vorgelegt. Der Übertrag + die neue
Bewilligung [3000] betrugen:     8905 M. 47 Pf.
Die Ausgaben betrugen:           4684    83 Pf.
Kassenbestand:                   4220 M. 64 Pf.

Hr. Hirschfeld wurde mit der Prüfung der Rechnung betraut. Da die Ausgaben die Einnahmen in diesem Jahr so erheblich überschritten haben u. die Commission nicht ihren ganzen Reservefonds aufbrauchen darf, beschloß sie zu ihrer alten Forderung von 4000 M. zurückzukehren, die sie im Interesse der Erhöhung der Bewilligung für die Prosopographie im vorigen Jahr auf 3000 M. ermäßigt hatte. Daneben soll aber versucht werden, für die Prosopographie wiederum 4000 M. zu erhalten.

(3) Der Geschäftsführer legte unter Hinweis auf den kurzen gedruckten Geschäftsbericht vom Januar d. J. den Stand der Arbeiten dar, die einzeln be- **p. 46** sprochen wurden.

(a) Violet-Esra ist im Druck.

(b) Stählin, Clemens III soll Ende des Jahres zum Druck kommen; aber er soll nicht gedrängt werden. Der Geschäftsführer wird beauftragt den Versuch zu machen, Hrn. Stählin Erleichterungen zu schaffen durch eine Vorstellung bei seinem vorgesetzten Ministerium. Auch kann ihm eine Unterstützung aus der Kasse der KKVV gewährt werden.

(c) Der im Druck befindliche große Index von Schwartz zu Euseb's KGsch. wurde vorgelegt. Eine weitere Ausnutzung desselben wurde Hrn. Schwartz u. der Verlagshandlung überlassen.

(d) Koetschau – Orig., de princ. – die Collationen sind wesentlich fertig.

(e) Preuschen, Orig., Matth. – Preuschen hat aus München u. Cambridge Photographieen der Hdschr. erhalten und arbeitet an ihnen[46].

(f) Holl arbeitet an den Hdschr. des Epiphanius u. wird die Unters. mit allen Kräften fördern[47].

(g) Frl. v. Wedel wird die Herausgabe der 2 Eusebiusschriften (s. vorigen Bericht) übertragen. An die Wiener Bibliothek soll wegen photograph. Reproduktion **p. 47** der Hdschrift – am besten in Wien selbst u. nicht in Cöln – geschrieben werden[48].

(h) Bidez & Parmentier – Socrat., Sozom. etc.: Hr. Bidez ist soeben auf einer Reise (mit Unterstützung der Commission) i. Italien für die Ausgabe u. hat für die Sitzungsberichte eine Abhandl. über

---

46  Cod. Monacensis gr. 191 und Cantabrigiensis Coll. S. Trinit. 194 = B. 8. 10: E. Klostermann/E. Benz, Zur Überlieferung der Matthäuserklärung des Origenes (TU 47/2 = 4. R. 2/2), Leipzig 1931.

47  K. Holl, Die handschriftliche Überlieferung des Epiphanius (Ancoratus und Panarion) (TU 36/4 = 3. R. 6/2), Leipzig 1913.

48  Gemeint ist: Cod. Vindob. theol. Graec. 55: A. Harnack/E. Preuschen, Geschichte der Altchristlichen Litteratur I/2, 579.

d. Hdschriftenverhältniß (hist. tripart.) angekündigt. Es soll ihm geschrieben werden, daß d. Commiss. die Aufnahme gern vermitteln wird[49].

(i) Karst – Euseb., Chron. Arm. – Karst hat mitgeteilt, daß er noch in diesem Mai voraussichtlich die Herstellung der deutschen Übersetzung beendigen wird. In Bezug auf die Herausgabe des armenischen Textes beschließt die Commission prinzipiell dieselbe, läßt aber die Frage des „Wie", „Wo" und mit welchen Mitteln noch offen u. beauftragt den Geschäftsführer darüber mit Hrn. Karst in Verhandlung zu treten, wo möglich aber auch die Veröffentlichung des armenischen Textes unter ihrer Ägide zu halten.

(k) Helm, Hieron. Chronik – Hr. Helm hat **p. 48** brieflich erklärt, daß er nunmehr der Bearbeitung der Ausgabe näher treten wolle. Der Geschäftsführer wird von den HH. Diels + Wilamowitz ersucht, beim Ministerium für die Verbesserung der Lage des Hrn. Helm auch seinerseits einzutreten.

(l) + (m) Über Wendland, Hippolyt. + Ficker, Iren. konnte Nichts beschlossen werden, da diese Ausgaben die Fertigstellung des Textes des Epiphan. zur Voraussetzung haben. Doch kann aus dem Iren. lat. gearbeitet werden. Auf das erfreuliche Erscheinen der bisher unbekannten Irenäusschrift i. d. Texten + Unters. wurde hingewiesen[50].

(n) Funk – Homilien. Durch den Tod des Hrn. Funk ist die Ausgabe verwaist. Nachrichten über seinen Nachlaß haben wir bisher nicht erhalten. Die Commission beschließt, die Homil., Recogn. + Epit. Hrn. Löschke – Bonn anzutragen.

(o) Dobschütz u. Berendts – Apocrypha. Über den Beginn der Drucklegung läßt sich noch nichts feststellen.

(p) Lietzmann – Origenes + Eusebius-Catenen – Hr. Lietzmann arbeitet für sie in diesen Osterferien **p. 49** mit Unterstützung der Commission in Paris.

(q) Bonwetsch – Methodius. Hr. Bonwetsch hat Photographieen erhalten u. arbeitet an der Herausgabe.

---

49  J. Bidez, La tradition manuscrite de Sozomène et la Tripartite de Théodore le Lecteur (TU 32/2b = 3. R. 2/2b), Leipzig 1908. – Bidez schickte den Text offenbar selbständig an die Verlagsbuchhandlung J.C. Hinrichs, die am 28.10. 1907 bei Harnack nachfragte, wo der Text denn nun erscheinen solle, in den Abhandlungen oder in den TU: „Da wir aber den Zusammenhang nicht übersehen, so tragen wir Bedenken, den Satz beginnen zu lassen" (Handakten in der Arbeitsstelle GCS der BBAW, Verlagskorrespondenz 1893-1930, Blatt 56).

50  Vgl. oben Anm. 43.

(r) Heikel – Euseb., Demonstratio. Nach einem Brief an Hrn. v. Wilamowitz vom 9. April wird der Text nebst Index nach einem Jahr druckfertig sein.

(s) Ehrhard – Acta Mart. Hr. Ehrhard hat über den Stand seiner Arbeiten keine Mitteilungen gemacht.

(t) Gelzer, Africanus – Hr. Schmidt hat den uns übersandten Nachlaß durchgesehen. Es soll der Witwe geschrieben werden, daß dieser Nachlaß am besten auf einer öffentl. Bibliothek deponirt wird (Jena)[51]. An eine Herausgabe der Chronik ist, wenn überhaupt, erst nach der Herausgabe des Syncellus u. Eusebius zu denken. Dann wird der Nachlaß dankbar benutzt werden.

(u) Gelzer – Notitiae – Hr. Schmidt hat die übersandten Manuskripte durchgesehen. Es soll an Hrn. Krumbacher wegen des Vorschlags, Hrn. Gerland mit der Edition zu betrauen, geschrieben werden. Der billige Wunsch des Hrn. Cuntz auf Mitteilung der Subscript[ionen] aus dem Nachlaß soll, soweit es bei der Kommission steht, erfüllt werden[52].

**p. 50** (v) In Bezug auf die Übersetzungsfrage der KKVV. teilt der Geschäftsführer mit, daß er an die Verlagshandlung das Ergebniß der schriftlichen Votirungen der Mitglieder mitgeteilt hat. Offiziell nimmt die Commission die Übersetzung nicht in die Hand, aber sie bestärkt den Verleger i. d. Vorhaben, die wichtigeren Werke übersetzen z. lassen u. zwar durch die Editoren des Originals u. wird den Verleger auch sonst gern beraten.

(4) Der Bericht des Wiss. Beamten Prof. Schmidt über seine Tätigkeit wird verlesen u. gab zu Bemerkungen keinen Anlaß.

(5) Hr. v. Wilamowitz macht den Vorschlag, daß Hr. Schmidt eine Publikation der kleinen christl. Stücke (incl. des großen Festbriefs[53]) als besonderes Heft im Rahmen der Museumspublikationen liefere. Die Commission genehmigt das.

(6) An Stelle des Hrn. v. Gebhardt wird Hr. Prof. Holl einstimmig zum Mitgliede der Commission gewählt.

---

51 Dieser Teil des Nachlasses wird noch erwähnt bei G. Goetz, Geschichte der klassischen Studien an der Universität Jena von ihrer Gründung bis zur Gegenwart (Zeitschrift des Vereins für Thüringische Geschichte und Altertumskunde. Neue Folge. 12. Beiheft), Jena 1928, 149 und wurde kürzlich in der UB Jena wieder aufgefunden. Die Publikation des Materials bereitet PD Dr. Martin Wallraff (Bonn) vor.

52 Gemeint sind die Unterschriftslisten zu den Synoden und Konzilien. Zu Otto Luntz vgl. Rebenich, Theodor Mommsen und Adolf Harnack, 613-615.

53 Pap. Berol. 11948; vgl. dazu die Literaturangaben bei C. Markschies, Was ist lateinischer „Neunizänismus"? Ein Vorschlag für eine Antwort, in: ders., Alta Trinità Beata. Gesammelte Studien zur altkirchlichen Trinitätstheologie, Tübingen 2000, (238-264) 243-246.

(7) Die Codd. similati, die wir besitzen, sollen nicht an die K. Bibliothek abgegeben, sondern als Grundstock einer Bibliothek mit den andern Papieren der Commission erhalten bleiben.
Sonst kam nichts vor.

B Die Prosopographie
**p. 51** (1) Das Protokoll der vorigen Sitzung wurde verlesen + genehmigt.
(2) Die Rechnung wurde vorgelegt. Die Einnahmen betrugen (4000 M.) mit dem Übertrag: 7035 M. 50 Pf.

Die Ausgaben:  $\underline{\text{3191 M. } -}$
Kassenbestand  3844 M. 50 Pf.

Hr. Hirschfeld wurde mit der Prüfung betraut.
(3) Der Bericht der beiden Hrn. Geschäftsführer Jülicher + Seeck wurde verlesen u. genehmigt. Hr. Hirschfeld regte an, daß eine Liste der exzerpirten Schriftsteller und Corpora vorgelegt werde. Hr. Harnack sagte das zu[54]. Hr. Hirschfeld regte weiter an, daß mit Hrn. Seeck in Bezug auf ein schnelleres Tempo der zu excerpirenden Werke Rücksprache genommen werden solle. (Die Arbeiten v. Teubler [lies Täubler] scheinen in diesem Jahr überhaupt gestockt z. haben). Hr. Harnack sagte zu, in diesem Sinn mit Hrn. Seeck z. verhandeln.
Weiteres kam nicht vor.
Harnack.

**p. 52** vacat

**p. 53** 12. Sitzung am 22. April 1908. 4½ Uhr.
(Anwesend alle Mitglieder – außer Hrn. Diels + Hirschfeld).
A.   Die KKVVAusgabe:
1)  Das Protokoll wurde verlesen u. genehmigt.
2)  Der Kassenbericht wurde vorgelegt:
     Übertrag:        4220 M. 64 Pf.
Bewilligung, Neue:    $\underline{\text{4000 M.}}$
                      8220 M. 64 Pf.
     Ausgaben:        $\underline{\text{4153 M. } 3 \text{ Pf.}}$
     Rest:            4067 M. 61 Pf.
3)  Zur Revision wurde Herr Holl bestellt.
4)  Es sollen vom Kuratorium wiederum 4000 Mark erbeten werden (über eine Zusatzsumme s.u.).

---

54  Ein vollständiges Verzeichnis der exzerpierten Quellen wurde nicht erstellt, vgl. Rebenich, Theodor Mommsen und Adolf Harnack, 318.

5) Der Geschäftsführer berichtet unter Hinweis auf den gedruckten Bericht über den Stand der Arbeiten. Zu Stählin, Schwartz, Violet, Koetschau, Preuschen, Holl, v. Wedel, Bidez, Parmentier, Helm, Wendland, Ficker, Löschke, Dobschütz, Berendts, Bonwetsch, Heikel war nichts besondres zu bemerken. Jedoch soll Violet sein Manuskript nicht erst während des Drucks fertig machen; über den Stand der Prolegg. von Schwartz sollen Erkundigungen eingezogen werden u. ebenso über den Stand der Arbeit v. Heikel.

6) Karst hat den Arm. Euseb eingereicht; die Drucklegung wurde beraten. Es wurden ihm weitere 500 M. zugebilligt unter der Bedingung, daß er seine Annotatio verändert u. unter den Text nur das Nötigste i. knappster Form setzt. Hr. Diels + Schwartz sollen ersucht werden, sich gutachtlich über die Form d. Drucklegung z. äußern.

**p. 54** 7) Lietzmann's Plan wurde vorgelegt – die photographische Reproduktion der Catenen. Allein die römischen würden gegen 6000 M. kosten. Es wird beschlossen, auf den Plan einzugehen und das Curatorium z. ersuchen, uns 3 Jahre lang jährlich 1000 M. zu geben für dieses Unternehmen; je 1000 M. drei Jahre lang wollen wir selbst aufbringen.

8) Ehrhard soll die zugesagte große Unterstützung für die Athos Reise erhalten; aber es soll ihm geschrieben werden, daß die Commission die Reise im Herbst nicht für zweckmäßig ansieht, da mehrere Klöster auf dem Athos z. Z. unzugänglich seien; jedenfalls solle er sich erst erkundigen, bevor er reist.

9) Der Geschäftsbericht des Wiss. Beamten D. Schmidt wurde verlesen + gab zu Bemerkungen keinen Anlaß.

Sonst kam nichts vor.

<u>B. Prosopographie.</u> (Anwesend die Vorigen u. Hr. Seeck).

(1) Das Protokoll wurde verlesen u. genehmigt.

(2) Der Kassenbericht wird erstattet u. z. seiner Revision Hr. Holl gewählt.

| | |
|---|---|
| Übertrag: | 3844 M. 50 Pf. |
| Bewilligung: | 4000 M. |
| | 7844 M. 50 Pf. |
| Ausgaben: | 3495 M. 15 Pf. |
| Rest: | 4349 M. 35 Pf. |

(3) Neuer Antrag an d. Curatorium auf Gewährung v. 4000 Mark.

**p. 55** (4) Die HH. Jülicher + Seeck erstatteten den Geschäftsbericht; es wurde die Lage des Unternehmens besprochen, ohne daß besondere Beschlüsse nötig schienen. Die Excerpirung der profangesch.

Quellen soll möglichst gefördert werden. Hr. Seeck wird eine Liste zus.stellen aller Stücke, die exzerpirt sind.

(5) Es wurde ins Auge gefaßt, in dem nächsten Akad. Jahresbericht die Übersicht über alle kirchengesch. Excerpte drucken zu lassen u. entweder in demselben oder in dem nächstjährigen die Übersicht über alle profangesch. Excerpte.

Sonst kam nichts vor.

Harnack.

### 13. Sitzung am 24. April 1909. 4½ U.

(I) KKVV.-Commission.

(Anwesend: alle Mitglieder außer Hrn. Jülicher + dem Wiss. Beamten Schmidt).

(1) D. Protokoll wird verlesen u. genehmigt.

2) Der Kassenbericht wird vorgelegt:

| | |
|---|---|
| Übertrag: | 8067 M. 61 Pf. |
| Ausgabe: | 3776 M. 44 Pf. |
| Rest: | 4291 M. 17 Pf. |

3) Zur Revision wird D. Holl bestellt.

4) Es sollen vom Kuratorium wiederum 4000 M. + 1000 f. d. Katenen erbeten werden.

**p. 56** 5) Der Geschäftsführer berichtet über die einzelnen Unternehmungen:

(a) Schwartz wird die Prolegg. zu Euseb bis Ende April druckfertig machen.

(b) Violet ist noch immer im Druck.

(c) Stählin's Clemens wird jetzt ausgegeben (Bd. 3), die Register später.

(d) Lietzmann hat die 1. Rate f. Catenenphotographien erhalten u. den röm. Cod. photographiren lassen.

(e) Kötschau's Druck soll im Herbst beginnen.

(f) Reichardt wird in den „Texten + Unters." die Afrikanus-Briefe drucken[55]. Auf Vorschlag von Hrn. v. Wilamowitz wird v. der Chronik des Afrik. abgesehen, dagegen sollen die Κεϲτοί ins Auge gefaßt werden.

(g) Helm's Bericht über die Chronik des Hieron. wird verlesen. Es soll ihm eine Reise nach Paris bewilligt werden. Hr. Diels wird sich der Vorbereitung der Drucklegung annehmen.

(h) Der Probedruck von Karst wird vorgelegt; Hr. Diels wird ihn genauer beurteilen.

---

55 W. Reichardt, Die Briefe des Sextus Julius Africanus an Aristides und Origenes (TU 34/4 = 3. R. 4/3), Leipzig 1909.

(i) Ein Brief v. Ehrhard über seine Reise nach Konstantinopel u. dem Athos wird verlesen.

(k) An Frl. v. Wedel, Wendland, Ficker, Parmentier, Bidez, Heikel soll geschrieben werden, um ihre Arbeiten zu beschleunigen.

**p. 57** (l) Bauer soll angegangen werden, die Chronik des Hippolyt zu übernehmen, Achelis das Übrige von Hippolyt (außer Philosoph.).

(m) Es wird beschlossen, daß Justin u. Pseudojustin <u>1en</u> Band bilden soll. Pseudojustin braucht nicht von demselben Bearbeiter wie Justin edirt zu werden. Die übrigen Apologeten + die Apost. VV können zus. <u>einen</u> Bd. bilden.

(n) Über Löschke, Berendts – Dobschütz, Preuschen, Bonwetsch wurde nichts beschlossen.

(6) Der Bericht des Wiss. Beamten wurde verlesen u. gab z. Erinnerungen keinen Anlaß. Doch soll er aufgefordert werden, die alex. Osterfest-Urkunde nunmehr schleunig zu ediren[56]. Weiteres kam nicht vor.

Harnack.

II. Prosopographie:
(Anwesend alle Mitglieder außer Hrn. Seeck, Jülicher + Schmidt).

1) Das Protokoll wurde verlesen u. genehmigt.

(2) Der Kassenbericht wird vorgelegt:

| **p. 58** | Übertrag | 8349 M. 35 Pf. |
| | | 3757 M. 75 Pf. |
| | Rest: | 4591 M. 60 Pf. |

(3) Hr. Holl wird zur Revision bestimmt.

(4) Da beide Geschäftsführer der Prosopographie nicht anwesend waren, ihre Berichte auch zu Bemerkungen keinen Anlaß gaben, so wurde nur beschlossen, daß die Frage, ob die Prosopographie lateinisch abzufassen sei, in der nächsten Sitzung entschieden werden solle und daß die beiden HH. Geschäftsführer aufzufordern seien, bis zum 1. März ein paar Probeartikel verschiedener Größe in deutscher Sprache zu liefern.

Harnack.

**p. 59** 14. Sitzung am 23. April 1910. 5 Uhr.
### I. KKVV.-Commission
Anwesend alle Mitglieder u. der wissensch. Beamte Hr. Prof. Dr. Schmidt.

(1) Das Protokoll wird verlesen und genehmigt.

---

56 Vgl. oben Anm. 53.

(2) Der Kassenbericht wird vorgelegt.

         Übertrag:       9291 M. 17 Pf.

         Ausgabe:        4701 M 55

Neuer Übertrag:      4589 M. 62 Pf.

(3) Zur Revision wird D. Holl bestellt.

(4) Es sollen vom Kuratorium 4000 M. + 2000 M. f. d. Katenen-
forschung erbeten werden. [*Nachtrag*: NB: Hierin stecken auch
die für die Catenenforschung bereit zu stellenden Gelder.]

(5) Der Geschäftsführer berichtet über die einzelnen Unternehmungen.

    (a) Schwartz Euseb. III, Violet Esra, Stählin Clemens III sind
       erschienen.

    (b) Kötschau Orig. περὶ ἀρχῶν soll i. diesem Jahrte i. d. Druck
       kommen.

    (c) Bidez's + Parmentiers Arbeiten sind i. Druck. Hr. Jülicher
       trägt über die Anlage der Register vor. Die Aktenstücke, die
       sich bei den 3 Historikern finden, sollen beim Sokrates-
       Bande ein einheitliches Register erhalten. Das Wortregister
       soll sich hier auf Schlagworte be- **p. 60** schränken außer bei
       solchen Aktenstücken (z.B. Alex. v. Alex.), die die ganze
       schriftstell. Hinterlassenschaft des betreffenden Autors we-
       sentlich darstellen. Hr. Jülicher wird in diesem Sinn an die
       Herausgeber schreiben.

    (d) Sehr eingehend wird über die Drucklegung v. Hieronymus-
       Chronik (Helm) verhandelt. Man entscheidet sich schließlich
       für Photographie. Die Blätter sollen, wo es nötig, einzeln auf
       den Falz gesetzt werden. Es wird dem Geschäftsführer i.
       Verein mit Prof. Helm Vollmacht erteilt, in diesem Sinn das
       Einzelne mit dem Verleger festzustellen.

    (e) Karst hat das druckfertige Ms. für d. Euseb. Armen. noch
       immer nicht eingesandt, es aber wiederum f. d. nächsten
       Tage versprochen.

    (f) Hr. v. Wilamowitz teilt mit, daß der Gesundheitszustand
       Wendlands demselben schwerlich gestatten werde, seinen
       brieflich mitgeteilten Zusagen betreffs Fertigstellung d. Philo-
       soph. 1911 bez. 1910 zu halten.

    (g) Ficker ist mit der Vorbereitung des Irenäus beschäftigt. Hr.
       Loofs übernimmt es, mit ihm i. Verhandlung darüber zu
       treten, in welcher Weise der Iren. Armen. für die Ausgabe
       herbeizuziehen ist.

    (h) <u>Heikel</u> ist mit dem Abschluß der Demonstratio + der von ihm
       übernommenen Nachtragsarbeit zur Vita Constant. beschäf-

tigt, bez. hat das Meiste erledigt (Reise nach Italien). Hr. Schmidt wird **p. 61** den Pariser Codex i. Berlin nachcollationiren[57].

(i) Über die Arbeiten v. Frl. v. Wedel, Dobschütz und Berendts wurde nicht verhandelt.

(k) Dr. Schmidt berichtet über das, was für die Chronik Hippolyts (Bauer) i. Bezug auf d. Armenische geschehen ist + noch geschehen wird.

(l) Der Geschäftsführer teilt mit, daß D. Bonwetsch sich an den Methodius gemacht hat, daß D. Preuschen erklärt hat, er könne die Arbeiten für den Matth.-Commentar des Orig. noch nicht aufnehmen, und daß ebenso Lic. Löschke die Arbeit an den Pseudo-Clementinen noch verschieben muß.

(m) Über die Apologeten u. App.VV. wurde nicht verhandelt, da diese Ausgabe keine Eile hat.

(6) Der Bericht des Wissensch. Beamten wurde verlesen + gab zu Beanstandungen keinen Anlaß.

Weiteres kam nicht vor.

Harnack.

## II Prosopographie

(Anwesend alle Mitglieder).

(1) Das Protokoll wird verlesen + genehmigt.

(2) Der Kassenbericht wird vorgelegt.

| | | |
|---|---|---|
| Übertrag: | 8591 M. | 60 Pf. |
| Ausgabe: | 2651 M. | 45 Pf. |
| Neuer Übertrag | 5940 M. | 15 Pf. |

**p. 62** (3) D. Holl wird zur Revision bestimmt.

(4) Es sollen v. Curatorium wiederum 4000 M. erbeten werden.

(5) Die HH. Geschäftsführer Jülicher + Seeck legen ihre Probedrucke vor. Es wird beschlossen, daß das Werk in deutscher Sprache erscheinen soll. Die Modalitäten der Abfassung der einzelnen Artikel rufen eine eingehende Debatte hervor. Es wird beschlossen, daß für die kleinen Artikel (etwa bis zu 10 Zeilen), welche die große Masse bilden werden, ein ganz festes, einheitliches Schema gebildet wird, u. daß sich nach diesem Schema die Formgebung der größeren + großen Artikel tunlichst richten soll. Ferner soll das Chronologische in jedem

---

57  Zu diesen „Nachtragsarbeiten" Heikels Brief vom 25.4. 1909 (bei Winkelmann in Klio 67 [1985], 582). Sie wurden ausgelöst durch die Rezension von G. Pasquali, GGA 171 (1909), 259-286. Die Kommission hatte angesichts des dort geäußerten berechtigten Vorwurfs, Heikel habe flüchtig kollationiert, beschlossen, die für die *Demonstratio* einschlägige Handschrift des Paris. Graec. 469 auch durch eigene Kräfte kollationieren zu lassen.

Artikel tunlichst den Leitfaden bilden + in der Formgebung stark hervortreten. Sofern es doch in sehr großen Artikeln verdeckt erscheint, soll am Anfang oder Schluß das chronologische Gerippe in Kürze aufgestellt werden. Bei den Homonymen soll eine Einleitung gegeben werden, welche die Gruppenscheidung angiebt. In dieser soll der Amtscharakter das fundamentum divisonis bilden; innerhalb der einzelnen Gruppe soll tunlichst alphabetisch nach den Orten gruppirt werden. Als wünschenswert **p. 63** wurde bezeichnet, daß bei Schriftstellern ihre sämmtlichen Schriften angegeben werden u. daß ein kurzer Hinweis auf die beste Ausgabe, bez. die beste Hdschrift nicht fehlt. Über die zu gebrauchenden Abkürzungen, die großen Sammelwerke + Quellen betreffend, sollen die beiden Geschäftsführer für strenge Einheitlichkeit Sorge tragen; sonst aber sollen sie sich vor der Einführung allzuvieler Abkürzungen hüten. Die großen Artikel mit individueller Freiheit i. d. Formgebung zu behandeln, ist unvermeidlich u. wird die Einheitlichkeit der Prosopographie nicht stören, da die kleinen u. mittleren Artikel stark überwiegen werden.
Weiteres kam nicht vor.
Harnack.

**p. 64** vacat

**p. 65** 15. Sitzung am 29. März 1911
I) KKVV. Comm.
Anwesend alle Mitglieder außer D. Hirschfeld, Diels + Jülicher. Anwesend Prof. D. Schmidt.

1) Das Protokoll wird verlesen u. genehmigt.
2) Der Kassenbericht wird vorgelegt.

| | |
|---|---|
| Übertrag: | 10589 M. 62 Pf. |
| Ausgaben: | 3927 M. 86 Pf. |
| Neuer Übertrag: | 6661 M. 76 Pf. |

Zur Revision des Kassenberichts wird Hr. Holl bestellt.
Es sollen vom Kurator. 4000 M. erbeten werden.
Der Geschäftsführer berichtet über die Arbeit des Jahres u. die Publikationen: Kurz besprochen wird
<u>Kötschau</u> περὶ ἀρχῶν.
<u>Violet</u> (soll wieder ermahnt werden, den 2. Band zu liefern[54]),
<u>Karst</u> (soll einen Index der Eigennamen z. ersten Buch der Chronik machen mit Quellen-Angaben),

---

58 Der Band erschien freilich erst 1924; vgl. Die Esra-Apokalypse (IV. Esra), nach dem lateinischen Text unter Benutzung der anderen Versionen übers. u. hg. v. A.F.J. Klijn (GCS Esra-Apokalypse), Berlin 1992, VIIf.

Heikel,

Helm (er soll in 2 Bdden. herausgeben u. die Noten lateinisch machen),

Frl. v. Wedel-Mehrwald [lies: Mehwald] soll das Übernommene behalten,

**p. 66** vacat

**p. 67** Irenäus (Ficker ist bei der Arbeit; nach Haas' Arbeit soll gesucht werden),

Theophilus (Schwartz soll gefragt werden, ob er ihn f. d. Texte u. Unters. übernehmen wolle),

Hippolyt (Wendland soll ersucht werden, die Philos. nunmehr zu bearbeiten),

Origenes Exeget. lat. (Skutsch soll aufgefordert werden, geeignete Kräfte z. empfehlen; NB: vorher ist mit Klostermann zu verhandeln),

Der Bericht des wissensch. Beamten wurde verlesen u. gab zu Bemerkungen keinen Anlaß.

Harnack.

Sitzung der Prosopographie fiel aus, da die beiden Dirigenten fehlten. Nur der Kassenbericht wurde vorgetragen u. die Revision Hrn. Holl übertragen.

|  |  |  |
|---|---|---|
| 9940 | 15 Pf. | Übertrag |
| 3690 | 35 Pf. | Ausgaben |
| 6249 | 80 Pf. | |

4000 M. sollen erbeten werden.

Harnack.

**p. 68** vacat

**p. 69** 16. Sitzung am 27. April 1912

Anwesend: alle Mitglieder u. Prof. Schmidt

(1) Das Protokoll wird verlesen u. genehmigt.

(2) Der Kassenbericht wird vorgelegt:

|  |  |  |
|---|---|---|
| Übertrag | 10661 M. | 76 Pf. |
| Ausgaben | 2693 M. | 75 |
| Bestand: | 7968 M. | 1 Pf. |

Zur Revision wird Hr. Holl bestimmt.

Es sollen wieder 4000 M. erbeten werden.

Der Geschäftsführer berichtet über den Stand d. Arbeiten:

Drei i. Druck: Demonstr. (Heikel)

Philostorgius (Bidez)

περὶ ἀρχῶν (Kötschau)

Berichtet wird über die Kritik der Franzosen an dem deutschen Gewand v. Parmentier. Es soll eine Erklärung im Januar 1913 erlassen werden gegen d. Compt. rendus[55].

**p. 70** Zum Druck sind i. Aussicht genommen
(1) Helm, Chronik, dessen Brief verlesen wird.
(2) Violet, Esra Bd. 2.
(3) Parmentier, Socrat. + Sozom.
In voller Vorbereitung sind:
(1) Holl, Epiph.
(2) Wendland, Hippol.
(3) Ficker, Irenäus.
In Bezug auf das, was von Hippolyt noch eilig ist, wird Loofs mit Achelis sprechen. Die Commiss. legt Gewicht darauf, daß er die Ausgabe vollendet.
Die Chronik, welche Bauer macht, anlangend, soll Bauer über den Stand seiner Arbeit gefragt werden.
Weiter wird verhandelt über die sonst noch ausstehenden Stücke:
(1) Praeparatio: Wilamowitz soll mit Schwartz verhandeln, daß er einen Mitarbeiter gewinne, damit d. Ausgabe bald komme, die besonders nötig ist.
**p. 71** (2) Stählin soll <u>einstimmig</u> aufgefordert werden, nunmehr doch jetzt schon den Index erscheinen z. lassen, ohne die Übersetzung erst voranzuschicken[56].
(3) Origenes Graecus: Klostermann bez. Preuschen f. Matth.
(4) Skutsch – Origenes lat.
(5) Eusebiana: es soll bei Fr. Prof. Mehwald angefragt werden, wie weit sie sei.
(6) Löschke, Pseudoklementinen: Anfrage!
(7) Apocrypha: wegen des Nachlasses v. Berendts wird ein Brief des Dorpater Dekans verlesen, der die Übersendung zusichert.

---

59 Harnack hat sich über den casus ausführlicher im „Bericht der Kirchenväter-Commission für das Jahr 1912" geäußert (SPAW.PH 1913, 143f.): „Eine Bemerkung in den Comptes rendues der Académie des Inscriptions et Belles-Lettres (1911 Nov. S. 679) über die Ausgabe der Kirchengeschichte Theodorets von Hrn. Parmentier macht hier eine kurze Antwort nötig" (143). Harnack zitiert zunächst die Kernpassage, in der das Deutsche mit Blick auf den Editor Parmentier „un idiome qui n'est ni sa langue maternelle propre ni la langue internationale de l'erudition" genannt wird. Er verweist sodann für die Entscheidung, für die Ausgabe Harnacks eigene Muttersprache zugrunde zu legen, auf den wirtschaftlichen Erfolg der GCS.
60 In der Tat erschienen die fünf Bände der Übersetzung in der „Bibliothek der Kirchenväter" 1934 bis 1938, während der erste Teil des Registers 1934 erschien (in zweiter Auflage als GCS Clemens Alexandrinus IV/1 hg. v. U. Treu im Jahre 1980), obwohl Zitaten-, Testimonien- und Initienregister bereits 1909 gedruckt waren.

(8) Theophilus will Schwartz i. d. Texten u. Unters. laut Zusage machen.

Der Geschäftsführer teilt mit, daß die Ausgabe bisher 71000 M. gekostet, von denen noch 4000 verfügbar sind. Der Anschlag betrug 80000 M.

(9) Karst soll aufgefordert werden, auch f. den 1. Teil einen NamenIndex z. liefern, der mit Helms gedruckt werden soll.

**p.** 72 (10) Der Jahresbericht des Wiss. Beamten wurde verlesen u. gab keinen Anlaß zu Bemerkungen.

**p.** 73 [*Nachtrag*] (11) Ehrhard soll aufgefordert werden, sich zu äußern über den Stand seiner Arbeiten bez. wann dieselben i. d. Druck kommen können (i. d. Texten u. Unters.). Außerdem wurde beschlossen, daß von den Martyrien nur solche in der großen Ausgabe zu drucken seien, welche vor Konstantin verfaßt sind. Alles Spätere und auch alle späteren Bearbeitungen sind auszuschließen. Die lat. vorkonstant. sind dagegen hinzuzufügen.

(12) Für den Schluß der ganzen Ausgabe wird ein oder zwei Fragmenten-Bde vorgesehen. Schriftsteller wie Dionys. v. Alex. sollen dort auch mit den Fragmenten noch einmal erscheinen, die bei Euseb oder sonst schon gedruckt sind.

Harnack.

**p. 72**

Prosopographie.

Protokoll war nicht vorhanden, da die vorige Sitzung ausfiel.

Einnahmen: 10251 M. 80 Pf.

Ausgaben: 3003 M. 90 Pf.

Rest: 7247 M. 90 Pf.

Die HH. Jülicher u. Seeck äußern sich über den Stand ihrer Arbeiten. Seeck will ein großes Regestenwerk unter zu Grundlegung des Theod.Cod. bis Justinian abfassen, durch welches ein bedeutender Teil der Artikel der Prosopographie festgelegt u. im Zus.hang vorweggenommen sein wird.

Jülicher berichtet, daß er mit der Chronologie des Chrysost. im Detail beschäftigt sei; die Ergebnisse seien v. besonderem Wert.

**p. 73** Man ist allgemein d. Meinung, daß die großen Artikel möglichst kurz u. die kleinen möglichst erschöpfend abzufassen seien. Besondere Publikation für die bedeutenden Männer soll voran- bez. nebenhergehen.

Wegen der Acta SS. wird Jülicher aufgefordert an Pfeilschifter z. schreiben. Die endliche, sei es auch nicht absolut vollendete Einlieferung dieses Materials ist dringend erwünscht.

Auf Dessau's freundliche stets bereite Mithilfe wird hingewiesen.
Harnack.

**p. 74** [17.] <u>Sitzung am 26. April 1913</u>
                        KKVV.
Anwesend: alle Mitglieder + Prof. Schmidt.
(1) Das Protokoll wird verlesen und genehmigt.
(2) Der Kassenbericht wird vorgelegt.
            Übertrag:       11968 M.  1 Pf.
            Ausgaben         3521 M. 10 Pf.
            Rest:            8446 M. 91 Pf.
Zur Revision wird H. Holl bestimmt.
Es sollen wieder 4000 M. v. der Stiftung erbeten werden.

Die Kommission billigte es, daß der Geschäftsführer auf Anfrage des Sekretars der Akademie <u>keine</u> besonderen Räume für die Kommission im neuen Akad.-Gebäude angemeldet hat.

Der Geschäftsführer soll auf die Mitteilung hin, daß Hr. <u>Wendland</u> ein Corpus fragm[*entorum*] Gnosticorum für ein großes relig.-geschichtl. Unternehmen (Otto) ins Auge gefaßt habe, mit diesem in Unterhandlung treten, da die Commission <u>nicht</u> darauf verzichten könne, ein solches Corpus ihrerseits zu publizieren.

**p. 75** Der Geschäftsführer berichtet über den Stand der Arbeiten. Demonstr. evang. u. Hieron., Chronik werden demnächst im Druck abgeschlossen sein. Es werden die eingeforderten Berichte der Mitarbeiter verlesen; aus ihnen ergiebt sich, daß <u>Wendland</u>, Philosoph., <u>Holl</u>, Epiphan., <u>Violet</u>, Esra + Baruch, [*Nachtrag:* + <u>Bonwetsch</u>, Methodius] noch in diesem Jahre, <u>Bauer</u>, Hippol. Chronik + <u>Bidez</u>, Sozomenus voraussichtlich im Anfang des nächsten Jahres zum Druck kommen werden. Länger wird es noch mit <u>Ficker</u>, Iren. + <u>Stählin</u>, Clemens Index dauern. Der Rest des Hippolyt, zu dessen Absolvirung sich <u>Achelis</u> noch immer nicht entschließen kann, soll einstweilen noch aufgeschoben werden. <u>Klostermann</u> verheißt den Prokop für 1915, woran sich der Orig. Graec. Exeg. schließen wird, <u>Preuschen</u> will jetzt energischer die Arbeit am Orig. in Matth. aufnehmen. Wegen der Praepar. will Hr. v. Wilamowitz aufs neue mit Hrn. Schwartz Rücksprache nehmen; es wird für die Bearbeitung an <u>Kroll</u>, event. auch an <u>Stählin</u> gedacht; wegen Orig. Lat. Exeget (A.T.) will Hr. v. Wilamowitz mit <u>Bährendts</u> [*lies:* A.W. Baehrens] – Groningen verhandeln. Die noch übrigen Eusebiana, v. denen Frau Mehwald einen Teil übernommen, aber zurückgegeben hatte, wurden einstweilen noch zurückgestellt. Wegen der Pseudo-Klementinen soll der Geschäftsführer mit Hrn. <u>Wendland</u> verhandeln, der einen Fingerzeig gegeben hatte in Bezug auf einen Bearbeiter. – Nach

Mitteilung des Dorpater Dekans ist der Nachlaß von <u>Berendts</u>[61] noch **p. 76** immer mit Beschlag gelegt; weitere Mitteilungen sind demnächst zu erwarten. Ehrhard's Briefe kamen nicht zur Verlesung; die Kommission wartet ab.

Eine Reise nach dem Sinai wird für das Frühjahr ins Auge gefaßt. Wo möglich soll Hr. Prof. Schmidt in Begleitung eines Archäologen reisen.

Der Bericht des wissensch. Beamten wird verlesen und gab zu Bemerkungen keinen Anlaß.

Harnack.

Prosopographie

Anwesend alle Mitglieder + Hr. Seeck.

Das Protokoll wird verlesen + genehmigt.

Der Kassenbericht wird vorgelegt.

| | | |
|---|---|---|
| Übertrag: | 11247 M. | 90 Pf. |
| Ausgabe: | 2615 M. | 25 Pf. |
| Rest: | 8632 M. | 65 Pf. |

Zur Revision wird Hr. Holl bestimmt.

Die HH. Jülicher + Seeck berichten über den Fortgang über [*sic*] Arbeiten, der erstere spricht über einige Schwierigkeiten i. Bezug auf die Ablieferung der Acta SS.-Exzerpte. Eine längere Debatte erhebt sich über das Regestenwerk, welches Hr. Seeck plant. Die Commission hält es für angezeigt, daß dasselbe **p. 77** als Vorarbeit für die Prosopographie kenntlich gemacht wird und als Vorläufer derselben erscheint – also auch in demselben Verlage wie diese. Daher soll zunächst mit Hrn. Hinrichs verhandelt werden.

Harnack.

[18.] Sitzung am 25. April 1914.

Anwesend: alle Mitglieder außer D. Jülicher. || D. Carl Schmidt ist auf dem Sinai[62].

---

61 Verbessert aus: „Bährendts". – Teile des Nachlasses, insbesondere Verzeichnisse von Handschriften aus russischen Bibliotheken, die für die Apokryphen-Ausgabe einschlägig sind, sind zusammen mit Teilen der Hinterlassenschaft von Ernst v. Dobschütz an die Akademie gekommen und befinden sich in der Arbeitsstelle GCS der BBAW.

62 Zu den dramatischen Umständen des Endes dieser Reise vgl. C. Schmidt/B. Moritz, Die Sinai-Expedition im Frühjahr 1914, SPAW.PH 1926, 26-34 und allgemein P. Nagel, Koptologie und Patristik – Aspekte des Lebenswerkes von Carl Schmidt, in: Carl-Schmidt-Kolloquium an der Martin-Luther-Universität Halle-Wittenberg 1988 (Wissenschaftliche Beiträge 1990/23 [K 9]), Halle 1990, 9-24 sowie Rebenich, Theodor Mommsen und Adolf Harnack, 211-223.

1) Das Protokoll wird gelesen und genehmigt.
2) Der Kassenbericht wird vorgelegt.

| | | |
|---|---:|---|
| Übertrag: | 8446 M. | 91 Pf. |
| Neue Bewilligung 1913 | 4000 M. | |
| | 12446 M. | 91 Pf. |
| Ausgaben: | 6970 M. | 25 Pf. |
| Rest: | 5476 M. | 39 Pf. |

Es sollen diesmal 4000 + 2000 M. (der Sinai-Reise wegen erbeten werden).

Zur Revision wird D. Holl bestimmt.

**p. 78** (1) An Stelle des fehlenden Berichts des abwesenden Wiss. Beamten gab der Geschäftsführer eine Übersicht über das, was i. d. J. 1913/4 publizirt u. gearbeitet worden ist u. über die Arbeiten des Beamten. Dieser Bericht gab zu Bemerkungen keinen Anlaß.

(2) Der Geschäftsführer berichtete, daß Bonwetsch, Method., Wendland, Philosoph., Löschke, Gelasius, Holl, Epiph. im Druck seien u. mehrere Hefte d. Texte + Unters.

(3) Der Druck v. Esra-Baruch wird von Violet noch für diesen Sommer angekündigt.

(4) Prof. Holl, der Mitteilungen aus der neuen Ausgabe der Chronik Hippolyts bedarf, soll an Bauer schreiben, wobei man zugleich erfahren wird, wie weit der Herausgeber ist.

(5) An Prof. Wendland soll wegen Übernahme der Pseudo-Clementinen durch Heintze geschrieben werden.

(6) Eine längere Debatte entstand auf Anregung D. Holls darüber, ob die Chronik des Afrikanus von der Kommission edirt werden solle. Die Kommission blieb bei dem früheren Entschluß, ihrerseits die Chronik nicht herauszugeben. Wohl aber faßte man ins Auge, daß seitens der Kommission eine Anregung gegeben u. event. die Harnack Stiftung aufgefordert werden solle, als Preisaufgabe die Herausgabe der Chronik zu stellen.

[*Am Rand findet sich eine Berechnung, die später durchgestrichen wurde*:

| | |
|---:|---|
| 3100 | |
| 170 | Ital. + Öster. |
| 68 | KKVV. |
| 172 | 80 Billette [?] |
| 375 | |
| 3885 | 80 ] |

(7) Man verzichtete darauf, an Hrn. Bidez eine Anfrage betreffs des Sozom. zu stellen, da z. Z. genügende Bände sich in Druck befinden bez. ihre Drucklegung bevorsteht.

(8) Eine Anregung Hrn. v. Wilamowitz' folgend wurde über die Herausgabe des Hexaëmerons (Gronau[63]) gesprochen. Man mußte einsehen, daß die Kommiss. sie nicht übernehmen könne, aber es wurde ins Auge gefaßt, die Akademie um eine Unterstützung der Herausgabe zu bitten, sobald nach dem Urteil des Hrn. von Wilamowitz die Angelegenheit spruchreif sei.

**p. 79** (9) v. Dobschütz teilt mit, daß er für die Apocrypha Ropes in Harvard gewonnen habe. Der wiss. Nachlaß v. Berendts – Dorpat ist immer noch nicht zugänglich.

(10) Stählin teilt mit, daß er jetzt an den Index gehe, <u>bevor</u> er die Übersetzung der Strom. unternehme. Er soll aufgefordert werden, eine Index-Probe an Hrn. Diels zu senden.

(11) Von Mras – Wien liegt noch keine detaillirte Kostenforderung in Bezug auf die Vorbereitung der Praepar. vor. Mit ESchwartz hat er persönlich Rücksprache genommen.

(12) Der ausführl. Brief von Ehrhard über den Plan seiner überlief.geschichtl. Publikation zu den Heiligen-Legenden kam nicht z. Verlesung[64], soll aber bei D. Holl, D. Diels + D. Loofs zirkuliren.

(13) Der Vorschlag v. Bährens eine Petersburger Reise betreff. soll so behandelt werden, daß d. Geschäftsführer sich zunächst bemühen soll, die Mss. nach Berlin z. bekommen oder doch Photographien[65].

### Prosopographie.
Anwesend: alle außer Jülicher + Seeck. Auch Dr. Schmidt fehlt.
Die Kassenrechnung wird vorgetragen.

| | | |
|---|---|---|
| Übertrag: | 8632 M. | 65. |
| Bewilligung 1913: | 4000 M. | |
| | 12632 | 65 |

---

63 Vgl. K. Gronau, Posidonius, eine Quelle fuer Basilius' Hexahemeros, Braunschweig 1912. – Die Ausgabe des Werkes ist nach dem zweiten Weltkrieg freilich dann doch in Angriff genommen und 1997 zu einem glücklichen Abschluß gebracht worden.

64 Zu diesem Brief ausführlich mit längeren Zitaten Winkelmann, Albert Ehrhard, 13-17. Harnack bemerkte am Rande eines Briefes, den Ehrhard am 12.7. 1914 an ihn geschrieben hatte (in der Arbeitsstelle GCS der BBAW): „Die Sache hat uns bereits schändlich viel gekostet".

65 Vgl. dazu die Angaben bei W.A. Baehrens in GCS Origenes VI, XVIIf. zu zwei lateinischen Handschriften; natürlich ist auch an die Petersburger Oktateuchkatene, den Cod. Graec. 124, zu denken: G. Karo/H. Lietzmann, Catenarum Graecarum Catalogus, NGWG 1902, Göttingen 1902, 5.

Ausgaben:          3729    30
                   8903    35

Die Rechnung soll D. Holl revidiren.

5000 sind v. der Kommission (wegen der 1000 M. f. d. Sinai Reise) zu erbitten.

**p. 80** Da die beiden Geschäftsleitenden nicht anwesend waren, mußte sich die Kommiss. darauf beschränken, ihre Berichte zur Kenntniß zu nehmen. Mit Freude ersah sie, daß D. Jülicher das J. 1918 als Jahr der Vollendung d. Ms. ins Auge gefaßt u. schon eine bedeutende Anzahl v. Artikeln zur lat. Prosopographie des 6. Jahrh. druckfertig gemacht hat. In Anlaß des Berichts des Hrn. Dr. Seeck sollte ein Schreiben an ihn gerichtet werden mit dem Ersuchen, sich darüber äußern zu wollen, ob er nicht mit der Zustellung ausgearbeiteter Artikel an D. Jülicher jetzt beginnen wolle, da ja dieser bereits einen Termin der Vollendung des Ms. ins Auge gefaßt habe, oder – falls er das jetzt noch für untunlich halte – ob der Stand seiner Arbeiten eine 1-2jährige Pause nahelege.

NB: 1915 fiel die Sitzung aus. Decharge wurde schriftlich erteilt.
Es sind laut Rechnung nachzuweisen als Bestand für die neue Rechnung:
für die KVV.          1657 M. 70 (5500 i. d. Kasse) = 7157,70
für die Prosopograph. 10505 M. 45

**p. 81**
NB: 1916 fiel die Sitzung aus. Decharge wurde schriftlich erteilt.
Es sind laut Rechnung nachzuweisen für die neue Rechnung:
für die KirchenVV. 1513,90 bei mir; 6500 Hauptkasse.
für die Prosopograph. 853 M. 40 Pf. bei mir; 10000 M. Hauptkasse.

[19.] Sitzung am 14. April 1917. 5½ Uhr
(NB: nach der Sitzung über die Prosopographie).
Anwesend: alle Mitglieder, außer Hrn. Diels + Loofs, + v. Wilamowitz
(1) Das Protokoll wird verlesen u. genehmigt.
(2) Der Kassenbericht wird vorgelegt.
          Einnahme:   12013 M. 90 Pf.
          Ausgaben:    2305 M.
Übertrag (in der nächsten Sitzung nachzuweisen): 9708 M. 90 Pf.
[8500 i. d. Kasse, 1208 M. 90 bei mir]
Herr Holl soll die Revision übernehmen.
(3) Der Vorsitzende gab einen Bericht über den Stand der Arbeiten; Neues kann z. Z. nicht unternommen werden.

(4) Der Bericht des Wiss. Beamten wurde vorgelegt u. gab zu Bemerkungen keinen Anlaß.

v. Harnack.

**p. 82** vacat

**p. 83** Prosopographie. 14. April 1917. 4 Uhr.
Anwesend alle Mitglieder außer Hrn. Diels u. Loofs.
(1) Der Kassenbericht wird vorgelegt:

> Einnahmen: 13853 M. 40 Pf.
> Ausgaben: 2528 M. 25 Pf.
> Übertrag: 11325 M. 15 Pf.

(davon 11000 M. i. d. Kasse, 325 M. 15 Pf. bei mir).
Hr. Holl soll die Revision übernehmen.
(2) Hr. Seeck u. der Vorsitzende berichteten über die abgeschlossene prosopographische Vorarbeit, betreff. den Theodos. Codex, u. über die Korrespondenz, die sie der Drucklegung dieser Arbeit wegen geführt haben. Hr. Seeck teilte mit, daß er die sofortige Drucklegung bei der Metzler'schen Buchhandlung erreicht habe u. bat die Kommission um eine Druckunterstützung von 2000 Mark[62]. Die Kommission beschloß die aufgesparten Gelder für sie nicht anzugreifen, aber das Kuratorium in diesem u. dem nächsten Jahr um 4000 M. (so schon früher, in den letzten Jahren 3000) zu bitten u. dadurch 2000 M. für die Druckunterstützung flüssig zu machen. [Ist bewilligt worden].
(3) Eine längere Verhandlung wurde durch die schriftliche Erklärung des Hrn. Seeck herbeigeführt, daß er seine Arbeit für die Kommiss. als abgeschlossen betrachte – eine jüngere Kraft könne nach seiner Anweisung die Arbeiten zu Ende führen – und daher seine Mitgliedschaft niederlege. Die Aussprache ergab, daß **p. 84** die Fortführung, die auch umfangreiche u. schwierige Arbeiten erfordere, schlechterdings nicht durch eine jüngere Kraft geschehen könne, sondern nur durch einen erprobten Gelehrten u. Kritiker. Hierauf zog Hr. Seeck seinen Austritt zurück und verpflichtete sich die Arbeiten fortzusetzen und zunächst [*Nachtrag*: und sofort] Hrn. Jülicher seine

---

66 O. Seeck, Regesten der Kaiser und Päpste für die Jahre 311 bis 476 n.Chr. Vorarbeit zu einer Prosopographie der christlichen Kaiserzeit, Frankfurt/M. 1984 (= Stuttgart 1919), VII: „Dieses Buch kann daher als Ergänzung zu seiner (*sc. Mommsens, C.M.*) Ausgabe des Theodosianus gelten". Vgl. hierzu auch Rebenich, Theodor Mommsen und Adolf Harnack, 301-309 und ders., Otto Seeck und die Notwendigkeit, Alte Geschichte zu lehren, in: Wilamowitz in Greifswald. Akten der Tagung zum 150. Geburtstag Ulrich von Wilamowitz-Moellendorfs in Greifswald, 19.-22. Dezember 1998, hg. v. W.M. Calder III u.a., Hildesheim 2000, (262-298) 280-284.

revidirten Artikel aus der Pauly-Wissowa'schen R[eal-]Encyklopädie
zuzusenden (Buchstabe A – I). Bei der Aussprache wurde die Kooperation der beiden Leitenden für die definitive Gestaltung des Werks
überhaupt besprochen. Ein Vorschlag des Hrn. Holl, 2 getrennte
Werke herauszugeben, wurde verhandelt, fand aber die Billigung der
Kommission nicht; doch blieb die Verhandlung insofern stecken, als
sich ein klares Bild von der Kooperation der beiden Leitenden noch
nicht ergab, u. deßhalb auch nicht von der definitiven Gestalt des
Werks, ja auch noch nicht einmal von der Arbeitsteilung in Bezug
auf gewisse Quellengruppen, z.B. Martyrien. Ein Vorschlag, den der
Geschäftsleitende nach der Sitzung [Nachtrag: , aber mit der Billigung der übrigen Kommiss.-Mitglieder] dem Hrn. Seeck machte,
Hrn. Groag die Inschriften- u. Papyrus- etc. Auszüge zur Bearbeitung zurückzusenden u. sich dadurch zu entlasten, wurde von Hrn.
Seeck abgelehnt, **p. 85** da er diese Bearbeitung selbst machen wolle.
v. Harnack.

NB: Die Jahressitzung April 1918 fiel aus.
Die Rechnungslage wurde schriftlich erledigt.
Für die KirchenVäter-Kasse ergab sich ein Übertrag von 12784 M.
30 Pf. (davon 10500 M. in der Univ.Kasse, 2284 M. 30 Pf. bei mir).
[Nachtrag: falsch laut Brief Roethe's v. 24. 5. 18, sondern 12500 M.
i. d. Univ.Kasse, 284 M. bei mir].
Für die Prosopographie ergab sich ein Übertrag von 12810 M. 80 Pf.
(davon 13000 M. i. d. Univ.Kasse, also schuldet mir die Kasse 189
M. 20 Pf.).
1918. 1919. 1920 fielen d. Sitzungen aus.

**p. 86** vacat

**p. 87** [20.] Sitzung am 15. 10. 21. 4 Uhr
Anwesend: d. Vorsitzende, v. Wilamowitz, Diels (als Eingeladener),
Holl, Norden, Loofs, Jülicher u. d. Wissensch. Mitglied Schmidt.

I. KKVäter
(1) Der Kassenbericht wurde entgegengenommen.
      33,387 M. Übertrag u. 5000 M. Bewilligung für 1921/22.
(2) Es wurde berichtet, daß Bährendts [lies: Baehrens] bis auf das
      Vorwort ausgedruckt sei, Epiphan. II. Bd. im Druck sei, Esra II
      beginnen solle, da das Ms. abgeschlossen sei.
(3) Es wurde über den Fortgang des Unternehmens gesprochen; die
      Zeiten erlauben nicht, mehr als 2 Bände jährlich erscheinen zu
      lassen. Über Irenäus (Ficker) soll Erkundigung eingezogen wer-
      den. Es scheint, daß sich das Ms. dem Abschluß nähert. Für die

Klementinen soll Löfstedt gewonnen werden; um Einsicht in die Pariser Hdschr. des Orig. – Matth. zu erhalten, sollen vorsichtige Versuche gemacht werden; wegen des Athos Ms. will Hr. von Wilamowitz nach Griechenland schreiben.

(4) Violet erhält seine Reise nach Gotha (wegen Esra) ersetzt.

(5) Ehrhard hat angekündigt, daß nunmehr seine Martyrien u. Hagiographa i. 2 BB i. d. „Texten u. Unters." erscheinen sollen; das Ms. sei beendigt[67].

**p. 88** (6) bei Achelis soll wegen des Drucks seiner Hippolytea (c. Noët. etc.) angefragt werden; c. Noët. könnte mit Epiphan. vereint werden.

(7) Hr. Diels will das Ms. der Bauer'schen Hippolyt-Chronik ansehen, ob sich hier eine andere Veröffentlichungsform als die Drucklegung empfehle.

## II. Prosopographie

(1) Kassenbericht.

28,071 M. Übertrag u. 5000 M. Bewilligung für 1921/22.

(2) Hr. Schmidt berichtet, daß er den Seeck'schen Nachlaß in Bezug auf die Prosopographie von Münster abgeholt u. auf der Akademie deponirt hat. Der Nachlaß soll Hrn. Jülicher zur Durchsicht u. Benutzung übergeben werden; aber es läßt sich schon jetzt sagen, daß der Nachlaß, da er nur Rohmaterial u. dazu nur partikulares, enthält, längst nicht ausreicht, um auf ihm eine prosopographia saecularis zu begründen.

**p. 89** Unter solchen Umständen mußte die Kommission den Beschluß fassen, daß die prosopographia saecularis fallen zu lassen sei (das Material soll später, nachdem es Hr. Jülicher benutzt hat, i. d. Akademie niedergelegt werden), daß die Vorbereitung der prosopogr. eccles[ias]tica aber fortgesetzt wird u. Hr. Jülicher aus der saecularis soviel hinzunimmt als ihm notwendig erscheint.

(3) Die Remuneration des Hrn. Jülicher wird auf 3000 M. festgestellt; dazu wird ihm eine Hilfskraft zugesichert, sobald er eine solche bedarf; endlich soll mit dem Marburger-Wohnungsamt wegen Entlastung der Wohnung Jülichers in Verhandlung getreten werden (ein Zimmer für seine Akad.Arbeit).

v. Harnack.

---

67 Brief an Carl Schmidt vom 31.12. 1920: „Ich darf aber mit Sicherheit damit rechnen, dass die zwei Bände in einem vollständig druckfertigen Manuskript im Oktober 21 vorliegen werden" (in der Arbeitsstelle GCS der BBAW; vgl. dazu Winkelmann, Albert Ehrhard, 28).

**p. 90** [21.] Sitzung am 23. 4. 23. 5 Uhr
Anwesend: v. Wilamowitz, Holl, Norden, Jülicher, v. Harnack,
Schmidt (Entschuldigt Loofs)

I

(1) Es wird d. Protokoll vorgelesen u. genehmigt.
(2) Hr. Schmidt legt den Kassenbericht über beide Unternehmen vor.
Er schließt für die KKVVAusgabe mit einem verschwindend
geringen Plus, für die Prosopographie mit c. 3700 Mark. Der
Bericht wird genehmigt u. soll an die Wentzel-Stiftung weiterge-
geben werden.
(3) Hr. Schmidt trägt den Bericht über seine Tätigkeit im abgelaufenen Jahre vor. Der Bericht wurde ohne Debatte genehmigt.
(4) Es werden die in der Arbeit befindlichen weiteren Bände der
Ausgabe einzeln besprochen:
  (a) Baruch ist im Druck; die großen Kosten (Korrektur) des Esra
  werden aufgeteilt; eine gewisse Abhilfe wird eine Schwedi-
  sche Spende gewähren.
  (b) Epiphanius III soll i. d. Druck kommen. Die Einrichtung der
  Indizes hier u. in anderen Fällen veranlaßt eine sehr eingehende Debatte. Es wird beschlossen, die Indizes auf das Notwendigste einzuschränken, aber in dem Falle „Epiphanius" soll
  Hr. Holl auf Grund der Zusage tunlichster Beschränkung
  freie Hand haben, die Indizes, wie er sie bereits angelegt hat,
  zum Druck z. bringen.
  **p. 91** (c) Clemens Alex.: Die Fertigstellung des besonders wichtigen Index steht i. Aussicht. Hrn. Stählin soll geschrieben
  werden, daß er die Partieen, für welche Spezialindizes existiren
  (Dichter, Vorsokratiker), nicht aufnehmen u. daß er den
  Index vorher uns (Hrn. v. Wilamowitz) einschicken soll.
  (d) Bä{h}rendts [lies: Baehrens] hat einen weiteren Orig.lat. –
  Band fertig; aber er kann erst nach Epiph. gedruckt werden.
  (e) Irenäus – Näheres ist nicht bekannt; aber er scheint sich der
  Vollendung zu nähern (Ficker – Kiel).
  (f) Hippolyt: mit Achelis soll wegen des Rests, der Prolegg. u.
  Indizes mündlich verhandelt werden. Die Chronik soll noch
  weiter ruhen, bis Hr. Helm seinen Euseb.-Hieron. fertig hat;
  dann soll mit ihm verhandelt werden, ob er die Chronik zu
  autotypischer Herausgabe z. übernehmen sich entschließt.
  (g) Die Praepar. muß ruhen, da wir die nötigen Reisen z. Z. nicht
  zu bezahlen vermögen.

(h) Mit dem v. Prof. Löfstedt empfohlenen Privatdozenten Svennung – Upsala soll der Pseudo-Klementinen wegen verhandelt werden. Jedenfalls sind [*Nachtrag*: auch die] Homilien aufzunehmen.

(i) In Bezug auf die Hagiographa Ehrhardt's [*lies*: Ehrhard's] sind keine Nachrichten da, ebensowenig in Bezug auf d. Apokrypha v. Dobschütz's.

**p. 92** (k) Paul v. Samos. (Loofs) ist für d. Texte & Unt. so gut wie fertig gestellt[68]. Auch eine Unters. über den Orig.-Athos-Cod. soll dort veröffentlicht werden[69].

(5) Der Vorsitzende erklärt, in Zuk. auf seine Remunation [*lies*: Remuneration] zu verzichten (die Baar-Auslagen sollen ersetzt werden).

II.

(1) Kassenbericht, s.o.

(2) Die Kommission genehmigt ohne Debatte das Gesuch des Hrn. <u>Jülicher</u>, in den nächsten 2 Jahren von Pflichten zur Arbeit an der Prosopographie entbunden zu werden. Seine Remuneration bleibt davon unberührt, da sie an Wert so gut wie nichts mehr bedeutet, u. da sie nicht einmal ein Äquivalent ist für <u>die</u> Beschäftigung mit der Prosopographie, die notwendig bleibt, auch wenn die Arbeit nicht mehr pflichtmäßig ist.

v. Harnack.

22/2/28.

<u>Akten-Notiz.</u>

Durch den Tod hat die Kommission im Mai 1926 Holl, im Januar 1927 Loofs verloren. Jülicher ist durch sein Augenleiden und seinen Gesundheitszustand verhindert, den Sitzungen beizuwohnen u. konzentrirt seine Arbeit auf die Editio des alt-lateinischen Evv.-Textes[70].

---

68 F. Loofs, Paulus von Samosata. Eine Unters. zur altkirchlichen Literatur- und Dogmengeschichte (TU 44/5 = 3 R. 14/5), Leipzig 1924.

69 Das geschah freilich nicht; vgl. E. von der Goltz, Eine textkritische Arbeit des zehnten bzw. sechsten Jahrhunderts nach einem Codex des Athosklosters Lawra (TU 17/4), Leipzig 1899.

70 Nach umfangreichen Arbeiten am Manuskript begann das Werk ab 1938 zu erscheinen: Itala, das Neue Testament in altlateinischer Überlieferung, nach den Handschriften hg. von A. Jülicher. Im Auftrag der Kirchenväterkommission der Preussischen Akademie der Wissenschaften zum Druck besorgt von W. Matzkow, Berlin 1938-1963 (eine zweite Auflage wurde von K. Aland und anderen vorbereitet und erschien ebd. 1970-1976).

**p. 93**                                         20. Febr. 1928
                    Akten-Notiz
In den JJ. 1924-1927 ist keine Sitzung gehalten worden, weil der durch die Inflation herbeigeführte Bankerott der Wentzel-Heckmann-Stiftung die Kommission aller finanziellen Mittel beraubt hat. So konnten nur die begonnenen Arbeiten fortgesetzt werden, unterstützt durch kleine Mittel, welche die Akademie gewährte, u. durch die Notgemeinschaft. Über die Fortschritte der Ausgabe ist in den „Berichten" der Akademie Jahr und Jahr Mitteilung gemacht worden. Erschienen sind bisher 36 Bde, zuletzt 1924-1926 3 Bde (Violet, Esra + Baruch, Bärendts [lies: Baehrens], Orig. Bd. VIII, Helm, Eusebius-Hieronymus). Die 3. Reihe der „Texte u. Unters." ist zu Ende geführt worden (Bd. 1-45). Im Druck befindet sich Bauer, Chronik des Hippolyt, besorgt v. Helm u. die beiden ersten Hefte der neuen Reihe „Texte u. Unters." (Schmidt, Untersuch. über die Pseudoklementinen + Petrusakten, Jungklaus, Die KO Hippolyts[71]). In der Festsitzung am 27. 1. 27 habe ich einen ausführlichen Bericht über die KKVVausgabe [Nachtrag: für 1916-1926] gegeben (Sitzungsber. 1927 S. XXVI-XXX)[72] u. dort über den unersetzlichen Verlust berichtet, den unsere Sinaiexpedition durch den **p. 94** Krieg u. durch Englische Unbill erlitten hat.
In Vorbereitung befindet sich zur Zeit:
(1) Irenäus – Ficker
(2) 3. Bd. Epiphanius – Holl + Lietzmann

---

71  E. Jungklaus, Die Gemeinde Hippolyts dargestellt nach seiner Kirchenordnung (TU 46/2 = 4.R. 2), Leipzig 1928. – Da Hans Achelis den Vorwurf erhob, der Autor habe aus seinen eigenen Arbeiten abgeschrieben, verlangte Harnack im Juli 1928 vom Verlag, das Buch einzustampfen. Nur wenige vollständige Exemplare sind in den Handel und in Bibliotheken gelangt. (Das Werk ist heute z.B. in den Universitätsbibliotheken Erlangen, Freiburg, Göttingen, Kiel, Konstanz, München und Regensburg greifbar.) Unter Datum vom 7. November 1928 teilt die J.C. Hinrichs'sche Buchhandlung Harnack abschließend mit: „Herr Jungklaus hat uns Vorschläge zur Abtragung des uns erwachsenen Schadens innerhalb der nächsten zwei Jahre unterbreitet, die wir angenommen haben" (in den Handakten der Arbeitsstelle GCS der BBAW, Verlagskorrespondenz 1893-1930, Blatt 86).
72  A. v. Harnack, Die Ausgabe der griechischen Kirchenväter der drei ersten Jahrhunderte (1916-1926), SPAW.PH 1927, XXVI-XXX = ders., Aus der Werkstatt des Vollendeten, Gießen 1930, 240-247 = ders., Kleine Schriften zur Alten Kirche. Berliner Akademieschriften 1890-1907, hg. v. J. Dummer (Opuscula IX/2), Leipzig 1980, 357-361 = Adolf von Harnack als Zeitgenosse. Reden und Schriften aus den Jahren des Kaiserreichs und der Weimarer Republik, hg. u. eingel. v. K. Nowak, Bd. 2, Berlin/New York 1996, 1127-1134.

(3) Euseb. Praep. – Mras (hat mehrere Reiseunterstützungen in den letzten Jahren erhalten; wird auch in diesem Jahre zum letzten Mal reisen)

(4) Pseudo-Klementinen – Svennung

(5) Opp. Origenes Bd. 9ff. – Klostermann + Rauer (hat eine Reiseunterstützung erhalten)

(6) Martyrien – Ehrhard

(7) Index Clemens Alex. – Stählin [*ausradierte Bleistiftnotiz*]

Die Prosopographie ruht zur Zeit.

Als Mitglieder der Kommission wurden aufgenommen i. J. 1926 Lietzmann, sodann Jäger + Klostermann.

v. Harnack.

**p. 95** [22.] Sitzung am 24. Februar 28, 6 Uhr

Anwesend die Mitglieder: v. Wilamowitz, Norden, Lietzmann, Jäger, Klostermann, v. Harnack, sowie der wiss. Beamte C. Schmidt. Entschuldigt Jülicher.

1) Es wurde das Protokoll der vorigen Sitzung u. die Aktennotizen verlesen u. genehmigt.

2) Es wurde der verstorbenen Mitglieder Holl u. Loofs gedacht u. ein Schreiben an Hrn. Jülicher gerichtet[73].

3) Es wurde der Bericht des Hrn. Schmidt über seine Tätigkeit im vergangenen Jahre von ihm verlesen u. ohne Beanstandung von der Kommission genehmigt.

4) Nach einer eingehenden Debatte beschloß die Kommission ein Schreiben an die Akademie zu richten, ihre Finanzen betreffend. Der in dem Schreiben überreichte Antrag soll lauten, die Akademie möge beim vorgesetzten Ministerium eine jährliche Dotation von 3000 M. zur Fortsetzung der Arbeiten der Kommission erwirken [*Nachtrag*: u. als besondren Titel in den Etat für 1929 einzustellen], da die Wentzel-Heckmannstiftung noch immer u. auf Jahre hinaus zahlungsunfähig ist – sie hatte bis zur Katastrophe der Inflation jährlich 4-5000 M. für die Ausgabe u. 3-4000 M. für die Prosopo- **p. 96** graphie gespendet. [*Nachtrag*: In der Summe von 7000 M. stecken 500 M. Remuneration für den Geschäftsführer; der jetzige erklärte, daß er seinen Verzicht (s. Protokoll v. J. 1923) aufrechterhalte, daß aber die Remuneration durchaus für den künftigen notwendig sei, wie sie auch immer bestanden habe.]

---

73 Vgl. Rebenich, Theodor Mommsen und Adolf Harnack, 311-314.

5) Die Kommission beschloß die Frage der Weiterarbeit an der Prosopographie um des Gesundheitszustands Dr. Jülicher's willen z. Z. ruhen zu lassen. Sie sah daher auch davon ab, jetzt Mitteln [*sic*] für ihre Fortsetzung von der Akademie, bez. der Staatsregierung zu erbitten.

6) Die Kommission besprach in längerer Debatte den von D. Klostermann dem Ministerium eingereichten, aber von diesem bisher nicht beantworteten Plan eines neuen Unternehmens, das sowohl der Patristik in erweitertem Umfang als auch der Kunde der Kaiserzeit im ganzen Umfang dienen und zugleich einen geschulten Nachwuchs von Arbeitern, der z. Z. besorgnißerregend spärlich ist, schaffen solle. Auch die Möglichkeit, mit der lateinischen Patrologie der Wiener Akademie und dem Schwartz'schen Konzilswerk in nähere Verbindung zu treten, solle vorgesehen werden. Nach Überlegungen über die Frage, wer der Träger des Instituts werden solle (Reich? Reich + Preußen? Preußen? Kartell der deutschen Akademien?) klärten sich die Meinungen zu der einhelligen Erkenntniß, es sei das zweckmäßigste, die KKVVKommission unter dem Titel „Kommission zur Förderung der kirchlichen und religionsgeschichtlichen Studien im Rahmen der **p. 97** römischen Kaiserzeit" zu erweitern u. mit dem Preuß. Kultusministerium in Verbindung zu treten, um dauernde Mittel in größerem Umfange zu erhalten. Was den modus procedendi betrifft, so wurde demgemäß beschlossen:

(1) Die Akademie bez. Klasse um Genehmigung der Titeländerung zu bitten, ihr darüber hinaus z. Z. noch keine Mitteilungen über den Ausbau u. die Bedürfnisse der neuen, bez. der erweiterten Kommission zu machen.

(2) In mündlichen Verhandlungen (Lietzmann + Harnack, event. auch Wilamowitz) mit dem Ministerialdirektor Richter[74] zu treten, sobald die Akademie (die Klasse) die Titelerweiterung genehmigt hat.

(3) Ausdrücklich wurde beschlossen, daß die für die Fortsetzung der KKVV.-Ausgabe nötige Summe (s.o.) als Honoraire u. selbständige Dotation vom Ministerium erbeten u. zur Zeit unabhängig vom Verlauf und Ergebniß der größeren zu erbittenden Summe gehalten werden solle.

(4) Über die in Vorbereitung sich befindenden 7 Editionen wurde gesprochen u. kein besonderer Beschluß gefaßt – nur Stählin

---

74 Zu Werner Richter vgl. A. von Zahn-Harnack, Adolf von Harnack, Berlin ²1951, 437f.

soll angeboten werden einen Hilfsarbeiter auf unsre Kosten anzunehmen oder uns sein lexikalisches Material zur Bearbeitung des Index zu überlassen. Wegen der Anlage der Indizes (s. Beschluß von 1923) soll ihm geschrieben werden, wir wären bereit, wegen Abänderung mit ihm zu verhandeln.
v. Harnack.

# Editionen im Rahmen der GCS (1891-2000)

Fettdruck    = Erstveröffentlichung
Kleindruck   = frühere oder spätere Bearbeitungen, auch in SC, im entsprechen-
               den Erscheinungsjahr im
Normaldruck  Neuauflage nochmals vermerkt.

*Jahr    Verfasser, Werk, Editor, Ausgabe, Bearbeitungen, Lieferbarkeit*

1897:    1. **Hippolytus Werke I, Commentarius in Danielem et al.,
            hg. v. Georg Nathanel Bonwetsch/Hans Achelis (GCS
            1), Leipzig 1897**; eine erweiterte Neuedition des Daniel-
            kommentars durch Marcel Richard ist nach umfassenden Revi-
            sionen im Jahre 2000 erschienen.
            Ausgabe 1897 vergriffen.

1899:    2. **Origenes Werke I, Contra Celsum I, hg. v. Paul
            Koetschau (GCS 2), Leipzig 1899;**
            Ausgabe vergriffen.

         3. **Origenes Werke II, Contra Celsum II, De oratione, hg.
            v. Paul Koetschau (GCS 3), Leipzig 1899** = (leicht korri-
            giert) SC 132. 136. 147. 150. 227.
            Ausgabe vergriffen.

1901:    4. **Anonymus (Adamantius), De recta in Deum fide, hg. v.
            W. H. van de Sande Bakhuyzen (GCS 4), Leipzig 1901.**
            (Neuedition durch V. Buchheit in Vorbereitung).
            Ausgabe vergriffen.

         5. **Das Buch Henoch, hg. v. Johannes Flemming/Ludwig
            Radermacher (GCS 5), Leipzig 1901.**
            Ausgabe vergriffen.

         6. **Origenes Werke III, Homiliae in Ieremiam, Fragmenta
            in Lamentationes et al., hg. v. Erich Klostermann (GCS
            6), Leipzig 1901**; 2. bearb. Aufl. v. Pierre Nautin, Berlin 1983
            = (erhebl. korr.) SC 232. 238 (Ier.).
            Ausgabe vergriffen.

1902:    7. **Eusebius Werke I, Vita Constantini, De laudibus
            Constantini, Constantini imperatoris oratio ad sanc-
            torum coetum, hg. v. Ivar A. Heikel (GCS 7), Leipzig
            1902**; hieraus neu ediert Vita Constantini, hg. v. Friedhelm

Winkelmann, Berlin 1975; 2. durchges. Auflage, Berlin 1991. Ausgabe vergriffen.

8. **Oracula Sibyllina, hg. v. Johannes Geffcken (GCS 8), Leipzig 1902.**
Ausgabe vergriffen; ein Nachdruck erfolgte durch das Zentralantiquariat Leipzig 1967.

1903:    9. **Eusebius Werke II/1, Historia ecclesiastica, hg. v. Eduard Schwartz/Theodor Mommsen (GCS 9/1), Leipzig 1903.**
2. Aufl. mit einem Vorwort von Friedhelm Winkelmann (GCS N.F. 6/1), Berlin 1999.
Ausgabe im Nachdruck lieferbar.

10. **Origenes Werke IV, Commentarius in Iohannem, hg. v. Erwin Preuschen (GCS 10), Leipzig 1903** = (korr.) SC 120/222/290/385.
Ausgabe vergriffen.

1904:    11. **Eusebius Werke III/1, Onomasticon, hg. v. Erich Klostermann (GCS 11/1), Leipzig 1904.**
Manuskript für Addenda et Corrigenda von V. Bosch und K. Treu aus dem Jahre 1973 vorhanden und zur Publikation vorgesehen.
Ausgabe vergriffen.

12. **Eusebius Werke III/2, Theophania, hg. v. Hugo Gressmann (GCS 11/2), Leipzig 1904**; 2. bearb. Aufl. v. Adolf Laminski, Berlin 1992.
Ausgabe vergriffen.

1905:    13. **Pistis Sophia; Die beiden Bücher des Jeû; Unbekanntes altgnostisches Werk (Koptisch-Gnostische Schriften I), hg. v. Carl Schmidt (GCS 13) (deutsche Übersetzung), Berlin 1905**; 2. Aufl. v. Walter Till (GCS 45), Berlin 1954; 4. erw. Aufl. v. Hans-Martin Schenke, Berlin 1981.
Ausgabe vergriffen.

1906:    14. **Eusebius Werke IV, Contra Marcellum, De ecclesiastica theologia, hg. v. Erich Klostermann (GCS 14), Leipzig 1906**; 2. verb. Aufl. v. Günther Christian Hansen, Berlin 1972; 3. verb. Aufl., Berlin 1991.
Ausgabe vergriffen.

15. **Clemens Alexandrinus II, Stromata I-VI, hg. Otto Stählin (GCS 15), Leipzig 1906**; 3. Aufl., neu hg. v. Ludwig Früchtel (GCS 52), Berlin 1960; 4. Aufl. mit Nachträgen hg. v. Ursula Treu (GCS), Berlin 1985.
Ausgabe vergriffen.

16. **Hegemonius, Acta Archelai (lat./gr.), hg. v. Charles Henry Beeson (GCS 16), Leipzig 1906.**
Ausgabe vergriffen.

1908:    17. **Eusebius Werke II/2, Historia ecclesiastica, hg. v. Eduard Schwartz/Theodor Mommsen (GCS 9/2), Leipzig 1908.**
2. Aufl. mit einem Vorwort von Friedhelm Winkelmann (GCS N.F. 6/2), Berlin 1999.
Ausgabe im Nachdruck lieferbar.

1909:    18. **Clemens Alexandrinus I, Protrepticus und Paedagogus, hg. v. Otto Stählin (GCS 12), Leipzig 1909;** 2. verb. Aufl., Leipzig 1936; 3. Aufl. hg. v. Ursula Treu (GCS 12), Berlin 1972 = (verb.) SC 70. 108.158.
Ausgabe vergriffen.

19. **Clemens Alexandrinus III, Stromata Buch VII und VIII u.a., hg. Otto Stählin (GCS 17), Leipzig 1909;** 2. Aufl. hg. v. Ludwig. Früchtel/U. Treu, Berlin 1970; SC 30. 38. 278 (= GCS). 279.
Ausgabe vergriffen.

20. **Eusebius Werke II/3, Historia ecclesiastica, hg. v. Eduard Schwartz/Theodor Mommsen (GCS 9/3), Leipzig 1909.**
2. Aufl. mit einem Vorwort von Friedhelm Winkelmann (GCS N.F. 6/3), Berlin 1999.
Ausgabe im Nachdruck lieferbar.

1910:    21. **Die Esra-Apokalypse, I. Die Überlieferung, hg. v. Bruno Violet (GCS 18), Leipzig 1910;** Die Esra-Apokalypse, hg. v. A. Frederik J. Klijn, Berlin 1992.
Ausgabe vergriffen.

1911:    22. **Theodoretus Cyri, Historia ecclesiastica, hg. v. Léon Parmentier (GCS 19), Leipzig 1911;** 2. im Vorwort gekürzte Aufl. v. Felix Scheidweiler, Berlin 1954; 3. wieder erweiterte und ergänzte Auflage hg. Günther Christian Hansen (GCS N.F. 5), Berlin 1998.
Ausgabe vergriffen.

23. **Eusebius Werke V, Die Chronik, aus dem Armenischen übersetzt v. Josef Karst (GCS 20), Leipzig 1911.**
Ausgabe vergriffen.

1913:    24. **Philostorgius, Die Kirchengeschichte, hg. v. J. Bidez (GCS 21), Leipzig 1913;** 2. überarb. Auflage v. Friedhelm Winkelmann, Berlin 1970; 3. bearb. Auflage, Berlin 1981.
Ausgabe vergriffen.

25. **Eusebius Werke VII, Die Chronik des Hieronymus, hg. v. Rudolf Helm (GCS 23 u. 34), Leipzig 1913;** 2. Aufl. (GCS 47 = 23 u. 34), Berlin 1956; 3. Aufl. hg. v. U. Treu, Berlin 1984.
Ausgabe vergriffen.

26. **Origenes Werke, V, De principiis, hg. v. Paul Koetschau**

(GCS 22), Leipzig 1913 = (leicht korr.) SC 252. 253. 268. 269. 312.
Ausgabe vergriffen.

1915:   27. Epiphanius I, Ancoratus und Panarion (1. Teil), hg. v. Karl Holl (GCS 25), Leipzig 1915.
Ausgabe vergriffen.

1916:   28. Hippolytus Werke, III, Refutatio omnium haeresium, hg. v. Paul Wendland (GCS 26), Leipzig 1916.
Ausgabe vergriffen.

1917:   29. Methodius Olympius, Werke (GCS 27), hg. v. Georg Nathanael Bonwetsch, Leipzig 1917; SC 95 (Conuiuium).
Ausgabe vergriffen.

1918:   30. Gelasius Cyzicenus, Historia ecclesiastica, hg. v. Gerhard Loeschke/Margret Heinemann (GCS 28), Leipzig 1918.
Neubearbeitung von Günther Christian Hansen in Vorbereitung.
Ausgabe vergriffen.

1920:   31. Origenes Werke VI, Homilien zum Hexateuch, hg. v. W. A. Baehrens (GCS 29), Leipzig 1920; = (korr.) SC 7 (2. korr. Aufl.) (Gen.), SC 321 (Ex.), (mit korr. Hss.-Liste) SC 286. 287 (Lev.)
Neuausgabe mit den griechischen Fragmenten durch Peter Habermehl in Vorbereitung.
Ausgabe vergriffen.

1921:   32. Origenes Werke VII, Homilien zum Hexateuch, hg. v. W. A. Baehrens (GCS 30), Leipzig 1921 = SC 29 (Num.); = (leicht korr.) SC 71 (Ios.); = (ohne Korr.) SC 193.
Ausgabe vergriffen.

1922:   33. Epiphanius II, Panarion (2. Teil), hg. v. Karl Holl (GCS 31), Leipzig 1922; 2. bearb. Aufl. hg. v. Jürgen Dummer, Berlin 1980.
Ausgabe vergriffen.

1923:   34. Eusebius Werke, VI, Demonstratio euangelica, hg. v. Ivar A. Heikel (GCS 32), Leipzig 1923.
Ausgabe vergriffen.

1924:   35. Die Apokalypsen des Esra und des Baruch in deutscher Gestalt, hg. v. Bruno Violet (GCS 34), Leipzig 1924;
Die Esra-Apokalypse, hg. v. A. Frederik J. Klijn, Berlin 1992.
Ausgabe vergriffen.

1925:   36. Origenes Werke VIII, Homiliae in Regn., Ez. et al., hg. v. W. A. Baehrens (GCS 33), Leipzig 1925 = (erhebl. korr. und um die neuen Tura-Papyri ergänzt) SC 328 (Sam.), (korr.) SC 352 (Ez.), SC 37 (2. Aufl.) u. 375 (Korrekturen ebd. p. 71 im Überblick). 376 (Cant. Cant.).
Ausgabe vergriffen.

1929:    37. **Hippolytus Werke IV, Chronicon, hg. v. Rudolf Helm
(GCS 36), Leipzig 1929;** 2. Aufl., Berlin 1955.
Ausgabe vergriffen.

1931:    38. **Origenes Werke, IX, Homiliae in Lucam, hg. v. Max
Rauer (GCS 35), Leipzig 1931;** 2. bearb. Aufl. (GCS 49),
Berlin 1959; = SC 87.
Ausgabe vergriffen.

1933:    39. **Epiphanius III, Panarion (3. Teil) u.a., hg. v. K. Holl
(GCS 37), Leipzig 1933;** 2. bearb. Aufl. hg. v. J. Dummer,
Berlin 1985.
Ausgabe vergriffen.

40. **Origenes Werke X/2, Commentarius in Matthaeum,
hg. v. Erich Klostermann/Ernst Benz (GCS 38), Leipzig
1933.**
Ausgabe vergriffen.

1935:    41. **Origenes Werke X/1, Commentarius in Matthaeum,
hg. v. Erich Klostermann/Ernst Benz (GCS 40), Leipzig
1935;** = (korr.) SC 162 (Buch X-XI).
Ausgabe vergriffen.

1936:    42. **Clemens Alexandrinus I, Protrepticus und Paedagogus,
hg. v. Otto Stählin (GCS 12), Leipzig 1909;** 2. verb.
Aufl. Leipzig 1936; 3. Aufl. hg. v. Ursula Treu (GCS 12),
Berlin 1972 = (verb.) SC 70. 108.158.
Ausgabe vergriffen.

43. **Clemens Alexandrinus IV, Register 1-2 (GCS 39/1.2),
hg. v. Otto Stählin, I-II, Leipzig 1936;** 2. verb. Aufl. von
IV/1, hg. v. Ursula Treu, Berlin 1980.
Bände IV/1 und IV/2 vergriffen.

1941:    44. **Origenes Werke XI, Commentarius in Matthaeum (GCS
41/1), hg. v. Erich Klostermann/Ernst Benz, Leipzig
1941.**
Ausgabe vergriffen.

1953:    45. **Die Pseudoklementinen I, Homilien, hg. v. Bernhard
Rehm, (GCS 42), Berlin 1953;** 2. Aufl., Berlin 1969; 3.
verb. Aufl. v. Georg Strecker, Berlin 1992.
Ausgabe vergriffen.

1954:    46. **Theodoretus Cyri, Historia ecclesiastica,** hg. v. Léon
Parmentier (GCS 19), Leipzig 1911; 2. im Vorwort gekürzte
Aufl. v. Felix Scheidweiler, Berlin 1954; 3. wieder erwei-
terte und ergänzte Aufl. v. Günther Christian Hansen (GCS N.F.
5), Berlin 1998.
Ausgabe vergriffen.

47. **Eusebius Werke VIII/1, Praeparatio euangelica, hg. v.
Karl Mras (GCS 43/1), Berlin 1954;** 2. Aufl. hg. v. Éduard

des Places, Berlin 1982/1983 = (verb.) SC 206. 228. 262. 266. 215. 292. 307. 338.
Ausgabe vergriffen.

48. Pistis Sophia; Die beiden Bücher des Jeû; Unbekanntes alt-gnostisches Werk (Koptisch-Gnostische Schriften I), hg. v. Carl Schmidt (GCS 13) (deutsche Übersetzung), Berlin 1905; 2. Aufl. v. Walter Till (GCS 45), Berlin 1954; 4. erw. Aufl. v. Hans-Martin Schenke, Berlin 1981.
Ausgabe vergriffen.

1955:   49. Hippolytus Werke IV, Chronicon, hg. v. Rudolf Helm (GCS 36), Leipzig 1929; 2. Aufl., Berlin 1955.
Ausgabe vergriffen.

50. **Origenes Werke XII, Commentarius in Matthaeum, hg. v. Erich Klostermann/Ludwig Früchtel, Berlin 1955.**
Ausgabe vergriffen.

1956:   51. **Eusebius Werke VIII/2, Praeparatio euangelica, hg. v. Karl Mras (GCS 43/2), Berlin 1956**; 2. Aufl. hg. v. Éduard des Places, Berlin 1982/1983 = (verb.) SC 206. 228. 262. 266. 215. 292. 307. 338.
Ausgabe vergriffen.

52. Eusebius Werke VII, Die Chronik des Hieronymus, hg. v. Rudolf Helm (GCS 23 u. 34), Leipzig 1913; 2. Aufl. (GCS 47 = 23 u. 34), Berlin 1956; 3. Aufl. hg. v. Ursula Treu, Berlin 1984.
Ausgabe vergriffen.

53. **Der Hirt des Hermas, (Die Apostolischen Väter I), hg. v. Molly Whittaker (GCS 48), Berlin 1956**; 2. Aufl., Berlin 1967.
Ausgabe vergriffen.

1959:   54. Origenes Werke IX, Homiliae in Lucam, hg. v. Max Rauer (GCS 35), Leipzig 1931; 2. bearb. Aufl. (GCS 49), Berlin 1959; = SC 87.
Ausgabe vergriffen.

1960:   55. Clemens Alexandrinus II, Stromata I-VI, hg. v. Otto Stählin (GCS), Leipzig 1906; 3. Aufl., neu hg. Ludwig Früchtel (GCS 52), Leipzig 1960; 4. Aufl. mit Nachträgen hg. v. Ursula Treu (GCS), Berlin 1985.
Ausgabe vergriffen.

56. **Sozomenus, Historia ecclesiastica, hg. v. Joseph Bidez/Günther Christian Hansen (GCS), Berlin 1960**; 2. durchg. Aufl. v. Günther Christian. Hansen (GCS N.F. 4), Berlin 1995; cf. SC 306.
Ausgabe vergriffen.

1965:   57. **Die Pseudoklementinen II, Rekognitionen in Rufins Übersetzung, hg. v. Bernhard Rehm, überarb. v. Franz Paschke (GCS), Berlin 1965**; 2. verb. Auflage v. Georg Strecker, Berlin 1994.
Ausgabe vergriffen.

1967:   58. Der Hirt des Hermas (Die Apostolischen Väter I), hg. v. Molly Whittaker (GCS 48), Berlin 1956; 2. Aufl., Berlin 1967.
Ausgabe vergriffen.

1969:   59. **Gregorius Nazianzenus, Epistulae, hg. v. Paul Gallay (GCS 53), Berlin 1969** (editio maior); (editio minor) Paris 1964 und SC 208.
Ausgabe vergriffen.

        60. Die Pseudoklementinen I, Homilien, hg. v. Bernhard Rehm, (GCS 42), Berlin 1953; 2. Aufl., Berlin 1969; 3. verb. Aufl. v. Georg Strecker, Berlin 1992.
Ausgabe vergriffen.

1970:   61. Clemens Alexandrinus III, Stromata Buch VII und VIII u.a., hg. v. Otto Stählin (GCS 17), Leipzig 1909; 2. Aufl. Ludwig Früchtel/Ursula Treu, Berlin 1970; SC 30. 38. 278 (= GCS). 279.
Ausgabe vergriffen.

        62. Philostorgius, Die Kirchengeschichte, hg. v. J. Bidez (GCS 21), Leipzig 1913; 2. überarb. Auflage v. Friedhelm Winkelmann, Berlin 1970; 3. bearb. Auflage, Berlin 1981.
Ausgabe vergriffen.

1971:   63. **Theodorus Anagnostes, Historia ecclesiastica, hg. v. Günther Christian Hansen, Berlin 1971**; 2. verb. Auflage (GCS N.F.3), Berlin 1995.
Ausgabe vergriffen.

1972:   64. Clemens Alexandrinus I, Protrepticus und Paedagogus, hg. v. Otto Stählin, 3. Aufl. hg. v. Ursula Treu (GCS 12), Berlin 1972 = (verb.) SC 13. 70. 108.158.
Ausgabe vergriffen.

        65. Eusebius Werke IV, Contra Marcellum, De ecclesiastica theologia, hg. v. Erich Klostermann (GCS 4), Leipzig 1906; 2. verb. Aufl. v. Günther Christian Hansen, Berlin 1972; 3. verb. Aufl., Berlin 1991.
Ausgabe vergriffen.

1973:   66. **Ps.-Macarius Alexandrinus/Symeon, Reden und Briefe 1-2, hg. v. Heinz Berthold, Berlin 1973.**
Ausgabe vergriffen.

1975:    67. **Eusebius Werke IX, Commentarius in Isaiam, hg. v. Joseph Ziegler, Berlin 1975.**
Ausgabe vergriffen.

68. Eusebius Werke I, Vita Constantini, De laudibus Constantini, Constantini imperatoris oratio ad sanctorum coetum, hg. v. Ivar A. Heikel (GCS 7), Leipzig 1902; hieraus neu ediert Vita Constantini, hg. v. Friedhelm Winkelmann, Berlin 1975; 2. durchges. Auflage, Berlin 1991.
Ausgabe vergriffen.

1980:    69. Clemens Alexandrinus IV, Register 1 (GCS 39/1), hg. v. Otto Stählin, Leipzig 1936; 2. verb. Aufl., hg. v. Ursula Treu, Berlin 1980.
Ausgabe vorrätig.

70. Epiphanius II, Panarion (2. Teil), hg. v. Karl Holl (GCS 31), Leipzig 1922; 2. bearb. Aufl. v. Jürgen Dummer, Berlin 1980.
Ausgabe vorrätig.

1981:    71. Pistis Sophia; Die beiden Bücher des Jeû; Unbekanntes altgnostisches Werk (Koptisch-Gnostische Schriften I), hg. v. Carl Schmidt (GCS 13) (deutsche Übersetzung), Berlin 1905; 2. Aufl. v. Walter Till (GCS 45), Berlin 1954; 4. erw. Aufl. v. Hans-Martin Schenke, Berlin 1981.
Band vergriffen.

72. Philostorgius, Die Kirchengeschichte, hg. v. Joseph Bidez (GCS 21), Leipzig 1913; 2. überarb. Auflage v. Friedhelm Winkelmann, Berlin 1970; 3. bearb. Auflage, Berlin 1981.
Ausgabe vorrätig.

1982:    73. Eusebius Werke VIII, 1-2, Praeparatio euangelica, hg. v. Karl Mras (GCS 43,1-2), Leipzig 1954.1956; 2. Aufl. hg. v. Éduard des Places, Berlin 1982/1983 = (verb.) SC 206. 228. 262. 266. 215. 292. 307. 338.
Band VIII/1 vergriffen, Band VIII/2 vorrätig.

1983:    74. Origenes Werke, III, Fragmenta in Lam. et al., hg. v. Erich Klostermann (GCS 6), Leipzig 1901; 2. bearb. Aufl. v. Pierre Nautin, Berlin 1983.
Ausgabe vorrätig.

1984:    75. Eusebius Werke VII, Die Chronik des Hieronymus, hg. v. Rudolf Helm (GCS 23 u. 34), Leipzig 1913; 2. Aufl. (GCS 47 = 23 u. 34), Berlin 1956; 3. Aufl. hg. v. Ursula Treu, Berlin 1984.
Ausgabe vorrätig.

1985:  76. Clemens Alexandrinus II, Stromata I-VI, hg. v. Otto Stählin
(GCS 52), Leipzig 1906; 3. Aufl., neu hg. v. Ludwig Früchtel
(GCS), Leipzig 1960; 4. Aufl. mit Nachträgen hg. v. Ursu-
la Treu (GCS), Berlin 1985.
Ausgabe vorrätig.

77. Epiphanius III, Panarion (3. Teil) u.a., hg. v. Karl Holl
(GCS 37), Leipzig 1933; 2. bearb. Auflage v. Jürgen Dum-
mer, Berlin 1985.
Ausgabe vorrätig.

1986:  78. **Die Pseudoklementinen III/1, Konkordanz I, hg. v.
Georg Strecker, Berlin 1986.**
Ausgabe vorrätig.

1989:  79. **Ps.-Caesarius, Quaestiones et responsiones, hg. v. Rudolf Riedinger, Berlin 1989.**
Ausgabe vorrätig .

80. **Die Pseudoklementinen III/2, Konkordanz II, hg. v.
Georg Strecker, Berlin 1989.**
Ausgabe vorrätig.

1991:  81. Eusebius Werke I, Vita Constantini; De laudibus Constantini; Constantini imperatoris oratio ad sanctorum
coetum, hg. v. Ivar A. Heikel (GCS 7), Leipzig 1902; hieraus
neu ediert Vita Constantini, hg. v. Friedhelm Winkelmann, Berlin
1975; 2. durchges. Auflage, Berlin 1991.
Ausgabe vorrätig.

82. Eusebius Werke IV, Contra Marcellum, De ecclesiastica
theologia, hg. v. Erich Klostermann (GCS 4), Leipzig 1906; 2.
verb. Aufl. v. Günther Christian Hansen, Berlin 1972; 3. verb.
Aufl., Berlin 1991).
Ausgabe vorrätig.

1992:  83. Eusebius Werke III/2, Theophania, hg. v. Hugo Gressmann
(GCS 11/2), Leipzig 1904; 2. bearb. Aufl. v. Adolf La-
minski, Berlin 1992.
Ausgabe vorrätig.

84. Die Pseudoklementinen I, Homilien, hg. v. Bernhard
Rehm, (GCS 42), Berlin 1953; 2. Aufl., Berlin 1969; 3. verb.
Aufl. v. Georg Strecker, Berlin 1992.
Ausgabe vorrätig.

85. Die Esra-Apokalypse, I. Die Überlieferung, hg. v. Bruno Violet
(GCS 18), Leipzig 1910; Die Apokalypsen des Esra und des
Baruch in deutscher Gestalt, hg. v. Bruno Violet (GCS 34),
Leipzig 1924; Die Esra-Apokalypse, hg. v. Albert Frederik
J. Klijn, Berlin 1992.
Ausgabe vorrätig.

1994:    86. Die Pseudoklementinen II, Rekognitionen in Rufins
         Übersetzung, hg. v. Bernhard Rehm, überarbeitet v. Franz
         Paschke, Berlin 1965; 2. verb. Auflage v. Georg Strecker,
         Berlin 1994.
         Ausgabe vorrätig.

1995:    87. **Socrates Scholasticus, Historia ecclesiastica, hg. v. Gün-
         ther Christian Hansen (GCS N.F. 1), Berlin 1995.**
         Ausgabe vorrätig.

         88. Theodorus Anagnostes, Historia ecclesiastica, hg. v.
         Günther Christian Hansen (GCS), Berlin 1971; 2. durchg.
         Auflage (GCS N.F. 3), Berlin 1995.
         Ausgabe vergriffen.

         89. Sozomenus, Historia ecclesiastica, hg. v. Joseph Bidez/
         Günther Christian Hansen (GCS), Berlin 1960; 2. durchg.
         Aufl. v. Günther Christian Hansen (GCS N.F. 4), Ber-
         lin 1995; cf. SC 306.
         Ausgabe vorrätig.

1997:    90. **Basilius von Caesarea, Homilien in Hexaemeron, hg. v.
         Emmanuel Amand De Mendieta† und Stig Y. Rudberg
         (GCS N.F. 2), Berlin 1997.**
         Ausgabe lieferbar.

1998:    91. Theodoretus Cyri, Historia ecclesiastica, hg. v. Léon
         Parmentier (GCS 19), Leipzig 1911; 2. im Vorwort gekürzte
         Aufl. v. Felix Scheidweiler, Berlin 1954; 3. wieder erweiterte
         und ergänzte Aufl. v. Günther Christian Hansen (GCS
         N.F. 5), Berlin 1998.
         Ausgabe lieferbar.

1999:    92. Eusebius Werke II/1, Historia ecclesiastica, hg. v. Edu-
         ard Schwartz/Theodor Mommsen (GCS 9/1), Leipzig 1903; 2.
         Aufl. mit einem Vorwort von Friedhelm Winkelmann
         (GCS N.F. 6/1), Berlin 1999.
         Ausgabe lieferbar.

         93. Eusebius Werke II/2, Historia ecclesiastica, hg. v. Edu-
         ard Schwartz/Theodor Mommsen (GCS 9/2), Leipzig 1908; 2.
         Aufl. mit einem Vorwort von Friedhelm Winkelmann
         (GCS N.F. 6/2), Berlin 1999.
         Ausgabe lieferbar.

         94. Eusebius Werke II/3, Historia ecclesiastica, hg. v. Edu-
         ard Schwartz/Theodor Mommsen (GCS 9/3), Leipzig 1909; 2.
         Aufl. mit einem Vorwort von Friedhelm Winkelmann
         (GCS N.F. 6/3), Berlin 1999.
         Ausgabe lieferbar.

2000:     95. **Hippolyt Werke I, Commentarius in Danielem, hg. v. Georg Nathanel Bonwetsch. Zweite, vollständig veränderte Auflage von Marcel Richard (GCS.NF 7), Berlin 2000.**
Ausgabe lieferbar.

STEFAN REBENICH

# Theodor Mommsen und Adolf Harnack

Wissenschaft und Politik
im Berlin des ausgehenden 19. Jahrhunderts

*Mit einem Anhang: Edition und Kommentierung des Briefwechsels*

1997. 23,0 × 15,5 cm. XXI, 1.018 Seiten. Mit zwei Faksimiles. Leinen.
ISBN 3-11-015079-4

Edition der umfangreichen Korrespondenz zwischen Mommsen und Harnack
mit ausführlichen Kommentierungen. Auswertung und Erschließung von weite-
rem Archivmaterial (u. a. zur Geschichte der Kirchenväterkommission).

*Aus dem Inhalt:*
*Wissenschaftspolitik in Berlin:* Die Friedrich-Wilhelms-Universität — Großwis-
senschaft und Wissenschaftsorganisation — Die Preußische Akademie der Wis-
senschaften — Mommsen, Harnack und das „System Althoff".
*Die Kirchenväterkommission:* Die Anfänge der Kommission — Die Griechischen
Christlichen Schriftsteller — Die Prosopographia Imperii Romani saec.IV. V. VI.
*Der politische Professor und der Gelehrtenpolitiker:* Mommsen und der Libera-
lismus — Der Fall Spahn — Mommsen und England — Evangelisch-soziale und
gouvernementale Politik.
Briefedition mit ausführlichem Kommentar

# Der Briefwechsel zwischen Adolf von Harnack und Martin Rade

Theologie auf dem öffentlichen Markt

*Herausgegeben und kommentiert von Johanna Jantsch*

1996. 23,0 × 15,5 cm. VI, 923 Seiten. Mit zwei Tafeln. Leinen.
ISBN 3-11-015190-1

Durch Einleitung und ausführliche Anmerkungen erläuterte Edition des über
50 Jahre umfassenden brieflichen Austausches zwischen zwei einflußreichen
Vertretern der liberalen Theologie.

Walter de Gruyter  Berlin · New York